U0898463

高效思维

让时间更有价值

K叔 谭泽兴 菲陌◎主编

文化发展出版社
Cultural Development Press
·北京·

图书在版编目（CIP）数据

高效思维 ：让时间更有价值 / K 叔，谭泽兴，菲陌主编．— 北京 ：文化发展出版社，2024．8．— ISBN 978-7-5142-4426-7

Ⅰ．B804

中国国家版本馆 CIP 数据核字第 20247WE940 号

高效思维：让时间更有价值

主　　编　K 叔　谭泽兴　菲陌

出 版 人：宋　娜
责任编辑：袁兆英　　　　　　　责任校对：侯　娜
责任印制：邓辉明　　　　　　　封面设计：末末美书
出版发行：文化发展出版社（北京市翠微路 2 号　邮编：100036）
网　　址：www.wenhuafazhan.com
经　　销：全国新华书店
印　　刷：河北盛世彩捷印刷有限公司

开　　本：880mm × 1230mm　1/32
印　　张：9.75
字　　数：187 千字
版　　次：2024 年 8 月第 1 版
印　　次：2024 年 8 月第 1 次印刷

定　　价：59.00 元
I S B N：978-7-5142-4426-7

◆ 如有印装质量问题，请电话联系：0318-6658666

序 高效人生的“道”与“术”

在这个快节奏的时代，每个人似乎都绑着一个无形的KPI指标不断向前奔跑。我们的生活被各种任务填满，从定目标、列清单，到时时刻刻抓紧所谓的碎片化时间，高效似乎成为我们提升生活质量的关键。然而，这种“停不下来”的高效，真的能给我们带来想要的价值和幸福吗？

» 01 高效人生的“道”：动机、能量、情绪

实现高效人生，首先要解决的不是那些方法、技巧，而应该是“道”的层面，也就是我们经常说的底层逻辑。它来自我们做事情的动机、使命、意义感，以及你当下的能量状态和情绪状态。很多时候，我们掌握了各种高效的方法，但对所做的事情就是没有兴趣，

不够热爱，仅仅把它当作任务和目标。短期内可能有效，但长期来看不可持续。因为没有底层动机的支撑，三分钟热度、半途而废的情况比比皆是。

第一，探索人生使命和底层动机，才是高效的基础前提。

我多年前在央企工作，环境好、薪水高，但工作过程中常常感到疲惫和懈怠，我可以努力把事情做好，但做得很痛苦，因为我对它缺乏强烈的热情和认同感。即使我掌握了很多时间管理的方法和告别拖延症的秘诀，我也无法保持高能量的工作状态。我们的很多学员也有类似感受，想做的事情一直不做，不想做的事情却不断在做。这其实是底层动机和所做事情之间出现了错配，导致效率必然受损。

在离开体制内创业的初期，我创办了108自律行动营，提出首先要解决的问题不是方法，而是找到内在动机和人生使命。我们通过人生基本法、富足人生理论、灯塔人物模型和一对一的教练对话，帮助学员寻找自己的人生使命。当你找到人生使命，实现人生的二次觉醒，你每天做的事情和人生使命相关时，你的行动热情会瞬间提升，即便没有高效的方法论，也能比他人更有能量和效率完成目标。

108自律行动营的学员结营后有个特点：有的会立刻选择辞职，有的会更热爱自己的工作，虽然选择不同，但原因相同——他们笃定了自己的人生使命，想清楚了未来的人生方向。底层动机清晰后，做事情自然高效。这是实现高效人生最底层的动力。

当然，除了人生使命和内在动机，还需要保护好自己的能量和情绪状态。能量如同电池，会被耗尽，需要补充。如果你的情绪是负向的，即使事情很简单，也没有心力去完成。就像手机电池剩下5格电时会卡顿，我们的身体状态也是如此。因此，高效人生的第二个底层逻辑是情绪和能量。当情绪能量充沛时，你才能获得高效的人生状态。

第二，提升情绪能量的关键：社交磁力与正向反馈。

情绪能量除了需要笃定的人生使命的支撑以外，还需要与社会建立连接，获得外界的正向反馈。但遗憾的是，现今社会，我们很难获得正向反馈。领导批评、伴侣不认可、孩子顶撞……负向反馈每天都在消耗你的能量。因此，我们在108自律行动营创办了一系列社群活动，让每个人都能被看见，大家的努力都能得到正向反馈。每周，当你达成OKR目标，就可以收到线下的奖品，虽然价格不高，但它是你通过行动获得的正向反馈，价值千金！

高频的正向反馈能建立一个能量的正循环。每周，我们还会与小组成员进行OKR的复盘和能量交流讨论，分享自己遇到的问题和困惑，通过交流和抱团，收获新的能量。这就是所谓的社交磁力，通过社交，通过与外部产生连接，为自身充电和赋能。

聊完高效的“道”，我们还需要探讨“术”的维度。

» 02 高效人生的“术”：个人 OKR 目标管理体系

在解决了底层动机和情绪能量问题后，就要进入实操的方法论部分。在《如何只用一张表，搞定你99%的目标》这篇文章中我分享了自己的核心方法论——个人OKR目标管理体系。这个管理体系不仅帮助我实现了减肥、考博、做副业、创业等各类目标，也帮助上万名学员实现了人生的一个个新的突破。

OKR是一种新型的目标管理工具，很多公司在用，但大多数人并没有理解其神奇之处。将OKR应用到个人目标管理中，我们发现它能解决许多关于高效的问题。

首先，OKR能让你对目标产生期待感。设定目标时，简单的目标如减肥、考试、赚钱等没有画面感，无法激发你的热情。

其次，它解决了目标的清晰拆解问题。在OKR中，重要的关键词是“具体”。所谓具体，即将目标拆解成最小单位动作。比如减肥目标，必须拆解成关键结果（KR），如跑步300公里、轻断食60天、去健身房20次等。通过量化，将季度OKR拆解成月度计划、周计划和每天计划，从而使目标实现更加落地。

再次，OKR能让我们持续聚焦于自己的目标。为了追求高效，很多人进入误区，以为高效是对时间的极致占用。事实上，每天列很多清单，打很多钩，这些真的是重要事项吗？很多时候我们发现，看似非常忙碌，但关键事项始终未推进。原因是我们把时间投注在了无关紧要的琐碎小事而非重要事项上。

高效并不是每一分钟都在不停做事情，而是将时间投给那些关键要务。高效并非放弃休息和娱乐，而是在工作、学习时间最大限度地提升效率。而提升效率的核心在于找准时间投放的位置，而非被那些清单绑架。OKR天然就是让我们持续聚焦在真正重要的事情上。

在108自律行动营中，很多学员认为无法实现减肥、考试目标，但三个月后，有的瘦了10斤、20斤、30斤；有的考上研究生、公务员；有的做成副业，实现副业变现。这些目标的实现不在于108自律行动营有多神奇，而在于学员每天都按照OKR为自己的关键目标持续花时间。关于OKR更多的方法论，大家可以参考本书中我的文章。

书中的作者也分享了许多高效思维和方法，很多来自108自律行动营学员，他们的改变和蜕变的故事也会给你带来巨大能量。

» 03 高效人生的终局：富足人生

追求高效没有问题，但过度追求“高效”，容易让我们产生焦虑和负面情绪。高效并非意味着不能停下来，时时刻刻向前奔跑，是为了在有限的时间内获得更多的自由和幸福。我们理解的高效是进入一种几乎是终极的人生状态，叫富足人生。我们将富足人生分解为身体、智慧、情感、财富和人生意义五个维度，这五个维度如同手掌的五根手指，缺一不可。希望大家能通过对这五个维度持续储蓄和投资，获得整个人生的丰盈和满足。而这个过程非常依赖高效思维，它是我们实现富足人生目标的核心工具和方法。

谭泽兴 是一名资深商业文案专家，拥有7年IP营销策划经验，曾为20多位创始人IP提供过发售内容全案。凭借自身坚持不懈的努力和持续精进的人生态度，他精准把握住了时代对创作者的要求，在一次次的商业合作和创业中提升了自信，同时收获了宝贵的机遇。

菲陌 是财富职业地图规划师、图形思维培训师、十年设计手绘导师、国家注册高级思维导图指导师。懂得花钱买别人的经验和技术，来锻炼自己的观察力、想象力、创造力和表达力，从而提高自己的审美水平和艺术素养。

格小格 有北大商科/艺术双学位，千万IP操盘手，美好生命创始人，致力于帮助百万女性绽放生命。总结出实现生命绽放最重要的四个维度：挖掘生命力量、清晰自我认知、全面人生平衡、热爱变现事业。

佐佐 是二孩妈妈，全县第一上岸事业编，三年写1000篇复盘日记，三个月读完33本书。用10年时间自律复盘，实现“自律觉醒”，甩掉人生的至暗时期，实现了自己制定的一个个目标，从而拥有了高效且成功的人生。

张渝　是世界500强央企总部培训经理，国家版权课程培训师，6年5点早起阅读疗愈师，1天1本书超速阅读师。通过自律由数学不及格的大专生华丽转身为成功人士。

琦琦教练　是“一行”认证教练，三孩财税职场妈妈，终身学习成长者，长跑爱好者，马拉松进阶中。在职场和个人成长中不断挑战与努力，通过自我反思和积极行动，逐步掌握了高效思维，从而提升了自己的生活质量，实现了自我价值，非常鼓舞人心。

石蓝　目标、时间管理达人，自律成长终身践行者，女性成长咨询师，帮助宝妈挖掘优势，实现她们认知上的破局，从而实现她们个人的成长增值。

龙笑　是10年沪漂程序员，一双儿女的父亲。从云南黄金集团采矿技术员的岗位离职，来到上海做了10年程序员后选择创业。创业失败后，又回到上海发展，并取得了阶段性的成功，从而还清了创业时欠下的债务。

巩牧狄　拥有8年管理经验，国际注册心理咨询师，心易斋国学讲堂主讲人，有临床医学、应用心理学双学位。时常在行动中迎接挑战，积累实战经验；在复盘中汲取智慧，校准方向，提升自身能力。

李乔伊　是“90后”，热爱网球，在2018年成了一名网球小编。7年货代经历（处理国际出口货物近万单），5年社媒经历。其成长经历有自我探索，也有内心的挣扎，能让他人感同身受，产生共鸣。

大眼睛国王 是眼科医生、自媒体人、“80后”职场宝妈、“一行”108自律行动营优秀学员、“一行”写作变现基础班优秀学员、“一行”认证教练、乐活创富圈友。她用心走好自己的每一步，让自己过上了想要的生活。她的故事鼓舞人心，激励人们勇敢面对挑战，勇敢追梦。

南则北 是大山里出来的“90后”，企企宣创始人，10年资深运营人，目前主攻小红书营销和AI应用。6年小红书操盘经验，服务客户超130家，指导学员超3000人。她的奋斗经历展现给人们的是她不甘平庸的逆袭者形象，鼓励人们勇敢行动，追求梦想。

桃嘟妈Amber 是二孩宝妈，印尼知名培训机构联合创始人，东南亚知名电商企业高管。她逆流而上，破茧成蝶，由农村女孩实现财富自由。

金莎 是现沐恒工作室创始人。大学时期曾多次参加大学巡回演讲，大学毕业6个月体验月收入3000到3万；坚持60天早起锻炼一个半小时，减重10斤。她不断克服困难，取得成功的奋斗历程，给人能量与启发，让人知道做一件事情坚持下来就能将平凡变为非凡。

琦琪 是国家一级职业培训师，“85后”职场妈妈，浙江省隐形冠军企业高管，15年行政企划/HR管理经验。后借助专业优势，成立“行政/HR俱乐部”社群，定期组织线下沙龙活动，为行政/HR圈子的小伙伴们搭建起交流经验、分享收获、共享资源、共同成长的平台。

格玛 是数十家企业合规顾问、广审助手创始人，也是法律AI应用合规标准起草者。她以自身成长经历和对AI时代的洞察，展现了个体在逆境中追求自由和成长的坚定信念。

霁晖 是一位有20年经验的纺织外贸企业主，也是一名家庭教育指导师、高级心理咨询师以及CHFP理财教练。她以自己的亲身经历，深刻阐述了金钱与幸福的关系，强调了内在成长、情感需求和人际关系在追求幸福生活中的重要性。

美映 是一个注重细节，追求卓越的进步女生；是真心实意，谦虚与人交流的职场人；是不浮躁、不懒的现实中人。坚信“自律是人生最好的修行”，而自己也通过自律实现了自己制定的一个个目标。

冯向阳 是传统文化践行者，爱读书的准作家，成长研究爱好者，中华诗词学会会员、中国针灸学会会员等。人生经验是，借助成长类书籍，提高自律能力。

楠花 是贵州黔东南“僅家人”，是蜡染、扎染传统民族工艺传承人。旅游专业毕业，在苗寨里经营一家客栈。喜欢阅读、旅行和跑步。她具备坚韧不拔的精神和积极向上的生活态度，也因此使自己变得越来越好。

阿姣 是两男娃母亲，爬楼爱好者，十年密室逃脱店老板。在经营密室逃脱店期间遇到疫情，经营遭受重大打击，但她依旧坚持信念，勇敢前行，最终迎来了“收入上涨的快乐”。

谢潇 是优势赋能教练，成长型思维践行者，家庭教育指导师，高级工程师，TED演说家。在追求职业发展中不断坚持与突破，通过自我觉察放下虚荣与骄傲，实现了个人成长和目标。

菜菜 是国内知名企业高管、内训师，至慧学堂创始人，国家心理咨询师。具备逆境中心理成长和自我提升的能力。

路姐 是广工工商管理硕士，外企资深HR，知识赋能者，高效执行者，行动派E型人，自律成长达人，生活探索家。相信只要怀揣梦想，坚持不懈，就能够创造出属于自己的精彩人生。

江洪安 是独立商业管理顾问，30年摄影行业职业经理人，聚焦摄影企业管理实践和行业研究，香港科技大学工商管理硕士，四川大学理学硕士。500强高管，精英人物。

余先丹 是一名财务经理，正在考注册会计师的奔四宝妈。她以自己的成长经历和人生感悟，展现了一个普通女性在职业发展、家庭生活和个人成长中的坚持和努力，以及对独立和取舍的深刻认识。

素卿 是海南大学法学硕士，高级心理咨询师，帆书&良心网双平台认证国学讲师，三次职业跨界成功实战者，帮助200+书友提升内心力量，开启高能量生命，致力于帮助全球一亿家庭践行中华优秀传统文化智慧，活出心想事成的五福人生。

南山姜花 是桦辰传媒创始人；十多年敬老院志愿者，获得多次优秀志愿者荣誉；十多年瑜伽爱好者，美国瑜伽联盟RYT200小时教练，培训过瑜伽老师，累积教课1000小时；文学爱好者，有文章发表于《涉世之初》《保客》《烟台散文》《胶东散文》以及多家网络平台。

赵道华 是石油集输工技师，乐观开朗，踏实肯干，热爱生活，对完善成长体系充满热情。家中顶梁柱，暖心奶爸，事业家庭双丰收的成功人士。始终追求个人成长与进步，期待与更多人交流互鉴，共创美好未来。

open 是一名北京新东方历史教师，教授万名中考满分学员及高考名校学生，每年都带毕业班。她作为教育工作者，深知肩上责任，不光教授知识，还引导学生发现自我、规划未来，发现历史的魅力，帮助他们在多元化的世界中找到自己的位置。发现并尊重每个学生的学习能力和偏好，实现因材施教。

苏杉杉 是WE SPACE主理人，Mansules品牌创始人，互联网资金管理专家，品牌商业化顾问，擅长组织架构、财务管理、债权融资、BP设计。通过创新思维和社群文化，打造出独特的商业模式和生活空间，从而使自己从互联网行业精英成功转型为创业者。

暴元 是“一行教练”创始人，“一行DoMore”联合创始人，国际教练联盟认证教练导师、PCC，教练式伴侣践行者。通过复盘和社群的支持，从焦虑走向充实，且站在了优秀的人的行列中。

韩雅洁 是《写作复利》联合作者，个人公众号：是雅洁啊，千万粉丝级公众号前主编，数百篇爆文生产者，“一行”写作营负责人，指导近2000位学员写作变现。读书上百本，写作月入过万，成功减肥30斤。

卡特Kate 是ICF（国际教练联合会）认证专业级教练、团队教练，“一行教练”导师、督导师。“一行”108自律行动营负责人，指导过2000+名学员行动成长，使他们完成了职业转型，增加了副业收入，找到了结婚对象，身心变得更加健康和快乐。

希望《高效思维》这本书中30多位作者分享的高效思维方法论和人生故事能给你力量和启发，同时也期待每一个人都能借助高效思维实现属于自己的富足人生！

目 录
CONTENTS

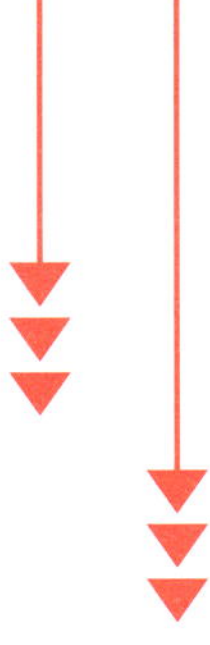

K 叔

如何只用一张表，搞定你 99% 的目标

K 叔

“一行 DoMore”教育创始人 &CEO

全网 100W+ 粉丝知识博主，付费学员超过 20 万人

3 本畅销书作家，《引爆自律力》豆瓣评分 7.8

企业高管和商业教练，中央财经大学会计学博士

我是Kris（K叔），一行DoMore的创始人，从山西的十八线小县城到中央财经大学读书，毕业之后进入一家世界500强央企总部，工作了7年，其间做副业做出了百万粉丝公众号矩阵，年入百万，还用两个月时间考上了中央财大的博士，这是我创业的第6年。

接下来，请你务必给自己5分钟时间，逐字逐句地完成阅读，我相信这一定是你近期投资回报率最高的5分钟。

因为接下来这3000多字，我会向你毫无保留地分享这个已经被上万人验证过、几乎万能的目标管理方法。可以说，它就像《三体》中的降维打击，可能会秒杀你见过的绝大多数时间管理、目标管理、治疗拖延症的方法，而且简单易学，人人都可以快速掌握。

在阅读过程中你会发现：原来实现目标，真的有简单、直接、有效的套路！

» 01 为什么只用一张表，就可以搞定几乎 99% 的目标

你想3个月健康减肥20斤，但是每次都只能以失败告终；

你想成功考研、考公……但每次考试都不了了之；

你想升职加薪、通过副业创业赚钱，提高家人的生活品质，但

总是无疾而终；

你想让孩子更有目标感，更自律独立，但总感觉困惑又无助；

……

以上这些，是我从上万名学员中发现的困扰大家的几大类目标。但是当他们尝试使用一张表之后，一切都发生了改变。

有3个月减肥10斤、20斤、50斤的；有考上清华研究生、公务员的；有新媒体涨粉10万+，副业收入超过主业收入，工作业绩翻倍，升职加薪的；还有的和孩子成了学习的伙伴，成绩大幅提升的……

以前遥不可及的目标，开始变得清晰。

以前摇摆不定的内心，开始变得笃定。

以前挥之不去的拖延，终于成为历史。

我作为这套方法的研发者，也通过它实现了各种突破，完成了各种挑战。就在刚刚过去的3个月，我用这张表，成功减肥了25斤。这对于一个已经快37岁的中年男人来说并不容易，但我做到了。

此外，我自己这些年还实现了很多目标，比如：

两个月考上中央财大的博士；

3个月完成人生的第一场马拉松；

半年拿到10个世界500强offer；

副业半年，年入百万；

创业两年，营收千万；

……

以上全部，都是我根据这一套神奇的目标管理方法达成的。

02 99%的人，无法实现目标的三个大坑

在进入正题之前，我想先分享一个非常重要的观点：你手里拿着一把旧钥匙，是永远都无法打开一把新锁的！

今天我分享的这套目标管理方法，就是从底层逻辑到实操方法，帮你对自己的认知和目标系统做一次全新的升级迭代，它可能会颠覆你以前对于实现目标这件事很多原有的认知，同时也会解决你可能一直都存在的各类问题。

那么，你接下来要做的，就是让自己放轻松，开放地而不是怀有偏见地去学习这套方法。哪怕只开放5分钟，对你没有丝毫的伤害和坏处，但却很有可能改变你的一生！

这套OKR目标管理方法，你一旦掌握，就意味着你未来遇到的各种问题和困难，统统可以直接套用这个方法去解决，去搞定！

那么，到底应该怎么做呢？我们要找到目标无法实现的原因，这样才能对症下药，逐一解决问题。目标无法实现的3个原因分别是：什么都想要，什么都得不到；目标制定没温度，太模糊；想聚焦，但总是与目标偏离。

我们一个一个来分析。

»03 策略一：如何选择一个高价值的目标——核心杠杆点

很多人，又想减肥，又想考公务员，还想做副业赚钱，一次给自己设置了太多的目标，而且完全没有优先级的概念，结果什么都想要，却什么都得不到。

为什么？

因为你的目标管理，过于平均发力了！

我们的时间和精力是有限的，请放弃那些不切实际的完美平衡的幻想吧！一个阶段性周期，给自己设定一个核心目标，这是能够实现目标的第一要义！而这个核心目标，我称之为核心杠杆点，搞定这件事，其他的方方面面都会有正向变化。

比如，我最近瘦了25斤，减肥就是我这三个月的核心杠杆点。

因为瘦下来，我精力状态变好了，工作效率变高了，直播时长增加了，赚的钱也更多了，而且有很多直播间的伙伴第一次看我直播，发现我用自己的方法真的瘦了下来，印证了方法的有效性，我们的直播销量很快就翻了一倍多。我不仅减肥成功，还赚到了更多的钱。

你看，因为搞定了减肥这一件事，我的工作和生活各个方面都有了正向变化。

一定要做出取舍。否则，平均发力做事情，是成功不了的！

所以，我在每一年设置目标的时候，都会优先确定自己的核心杠杆点。

2011年，我的核心杠杆点是求职，其他的事情全部停止，拿到10个世界500强offer；

2012年，核心杠杆点是结婚；

2013年，核心杠杆点是生孩子，照顾好K嫂，照顾好孩子；

2014年，核心杠杆点是减肥——工作之后开始发福，身体指标预警了，于是减了20斤；

2015年，我觉得我需要提升，所以就花2个月时间考取了博士；

2016年，二孩出生，我家经济出现了危机，所以我就开始琢磨怎么赚钱，怎么做副业；

2017年，我已经把副业做到了月入六位数；

2018年，我开始做第一个训练营：108自律行动营。

到了2019年，我决定创业，从体制内辞职，创业两年实现了年入千万的阶段性目标。

关于如何找到你的核心杠杆点，有一个非常好用的工具，叫人生平衡轮。想要系统学习的，欢迎添加我文章开头的个人微信，我会赠送你一套完整的视频实操课程，希望能够对你有帮助。

04 策略二：制定有温度、够具体的目标——OKR 目标管理

大多数人制定的目标往往是：我要减肥，我要健身，我要瘦20斤；我要考研，我要考公，我要考CPA；我要做副业，我要升职，我要赚100万……如果你也曾经定过这样的目标，那么，你在定目标的时候就已经失败了！

这种目标，存在两个致命的问题。

第一个问题：没有温度。

这些目标表述全都是冷冰冰的，完全激发不了你的欲望，如果你对一个目标都无法产生兴趣和热情，又怎么可能实现目标呢？

给你看看我的学员的目标（Objective）：从已婚女变少女，衣服大码变小码，回头率超高的健康“小腰精”；考研上岸，走向人生巅峰，成为“白富美”，写一本在中国闻名的小说；开启副业狂飙之路，副业收入超过主业收入，实现下半年带女儿云南旅居心愿。

你看，他们的目标，是不是跟你的完全不一样？看到这个目标，就有想要实现它们的冲动。

第二个问题：你定的目标太模糊了。

你想瘦20斤，那么，怎么瘦？什么时候开始？要不要控制饮食？是跑步还是健身？……你完全都不知道。

你想赚100万，那么，怎么赚？通过什么赚？是做副业还是专注于主业？有什么关键指标？……心里一片模糊。

这种目标只有一个大的方向，却无法真正落地。很多人定目标的时候，很开心，感觉似乎已经实现了，但是真正执行的时候却傻眼了。这种目标对你接下来的行动没有任何的指导意义！必须在目标的基础上，增加这个目标的关键结果（Key Results，KR）

那么，怎么办呢？给你看一看我的学员是怎么制定自己的关键结果的。

例1：

目标：3个月甩掉肥肉，狂减20斤，秀出迷人马甲线

关键结果1：跑步300公里

关键结果2：完成腹肌撕裂者锻炼48次

关键结果3：清淡饮食60天以上

例2：

目标：开启副业狂飙之路，副业收入超过主业收入，实现下半年带女儿云南旅居心愿

关键结果1：更新小红书60篇&小视频30条

关键结果2：社群运营，微信人数增加120人

关键结果3：朋友圈每日更新两条以上

关键结果能够给你的行动以具体的指导，非常落地。最重要的是，他们全都是量化指标，只有量化才能拆解。

» 05 策略三：一张 OKR 目标追踪表，搞定你 99% 的目标

当我们把目标设置为OKR之后，接下来要做的事情，就是通过一张表，进行目标拆解和跟踪。

这里有一句非常重要的话，叫作："天下难事，必作于易；天下大事，必作于细。"

比如，你定了减肥的目标，你有没有把它拆解为每一天的计划？你每天运动了吗？你每天控制饮食了吗？

比如，你想做副业，做短视频，写文章，那你扪心自问一下，你到底花了多少时间写文章和做短视频？

这可能会戳中很多人的心，因为我自己也是这样的。这就是人性，你走着走着就走偏了，因为不够聚焦，也没有去拆解。

但是，有了OKR，以及我研发的OKR目标追踪表，你就可以三个月为周期，把季度目标拆解为月计划，把月计划拆解为周计划，最后把周计划拆解为每日计划。

再以上面"3个月甩掉肥肉，狂减20斤，秀出迷人马甲线"这个目标为例，关键结果应该怎么量化呢？

关键结果1是跑步300公里，这是一个季度目标，那么每个月就要跑100公里，每周就是25公里，假设一周跑5天，每天要跑5公里。

关键结果2是完成腹肌撕裂者锻炼48次，那么每个月就要完成16次，每周就是4次。

关键结果3是清淡饮食60天以上，那么每个月清淡饮食至少20天，每周至少5天。

这样制定目标，可以保证你每天做的事情和目标是有关联的，不会偏离。

当时我的学员对这张表的反馈是：让计划可视化，让目标可触达。

你每天只看这一张表，就可以对目标进行不断的强调和审视，也可以把所有不同时间维度的目标全部搞定。

限于篇幅，仅仅一篇文章可能没办法让大家清晰地看到OKR目标管理方法的整个实操过程，想要更加系统、完整地学习这套方法的朋友，欢迎添加我的个人微信，我会赠送你一堂线下万元级的OKR目标管理闭门课，希望对你实现目标有所帮助！

谭泽兴

守正、积势、待时，
星辰大海，终会相见

谭泽兴

高价 IP 内容服务商，大咖书房操盘手
拥有 7 年 IP 营销经验的商业文案专家
为 20 多位创始人 IP 提供发售内容全案
为 100 位名师撰写推文，关联销售额数亿

如果时光倒流，回到23岁那年，一道“送命题”摆在你面前：**一边是稳稳当当且体面的事业路线，一边是坎坷艰辛的未知人生冒险，你会如何选择？**

我曾先后两次面临过关于梦想与现实的抉择。

第一次是在7年前，从一个放弃读研究生机会的理工直男，最艰难开局找工作，最终成为几十名明星老师的背后策划，关联课程销售9位数，成为小有名气的商业文案人。

第二次是在2023年，我主动挑战十年体销售信写作，在肖厂长带领下和周宇霖、清华陈晶、高海波、笛子和璐璐等IP一起完成百万级发售内容创作，而这也使我找到了自己的天赋所在：让IP更赚钱，让IP更值钱。

回顾这7年，我如同一台不知疲倦的工作机器，追逐一线内容创作的灵感，也经历了很多人难以想象的起起落落与痛苦失意……但我无比庆幸自己，在内容创作这条充满荆棘的路上坚持到了现在。

» 01 执着于星辰大海，却迷茫于当下

几年来，仅是几千字的软文我就写了100多篇，短视频更是不计

其数，现在正好静下心，整理一下我的曲折经历。

说起来，我算是第一代“文案人”，早在公众号刚出现的时候，我就在大学里组建了20多人的传媒中心。

2017年，我任性地在就读研究生期间退学，只想追求自己的不被定义的人生。只不过我很快就经历了多次失败，最狼狈的一次，是加入一个科技公司的小团队，却在不到3个月时遭遇劝退。风风火火地开始，却以“破败不堪”结束。一手好牌被自己打得稀烂。

我知道哪怕不工作，父母依旧可以补贴我，但这种挫败感，却成了我当时挥之不去的阴影。我连续1个月失眠，哪怕睡着了，也会在凌晨三四点惊醒，紧接着就是虚无的焦虑感。说到底，我是想给自己一个仰望星空的机会。

所幸当时互联网行业还在野蛮生长，凭借211本科背景和公众号图文写作经验，我得以入职某头部在线教育公司。这里有个小插曲，我心仪的岗位是“新媒体运营”，收到Offer却是“商业文案”。

真正让我人生发生改变的人，是我的直属领导Echo，她从没埋怨过我这个新人，还无私地向我传授她的创作技巧，共享她自费购买的各种课程，我不敢停下来，白天认真写文案，晚上雷打不动地拆解百万公众号博主的写作方法，常常研究公众号、知乎、微博的爆款文章、销售文案直到深夜……

写着写着，我就看着很多关注五六年的大号，突然发了我写的文章。在公众号投放的黄金时期，和团队小伙伴一起把投放效率做到行业内的前三。还记得有同事对我说："泽兴，现在半个××项目组，都靠你养活……"我发现，我并非一无是处，我可以借由内容这个我最擅长的方式，去帮助同事完成KPI，去给公司带来可观的利润，这种感觉特别容易让人上瘾。

况且做内容的收益，也不是唯有收入的增长。当你赚钱的时候，本质上还是你的商业效率提高了。**你为别人创造的越多，你收获的自然就越多。**

02 唯有高效思维，终成"终极赢家"

个人品牌是一个神奇的生态，每年都有人抱怨"卷死了"，但事实上每年都有新的红利，也有普通人抓住机会成为后起之秀。其中规律，或许只有穿越过周期的玩家才会明白。

2020年下半年，伴随公众号投放的式微，短视频和个人IP成了当时最耀眼的风口。我因为"擅长内容"的好口碑，直接参与到公司创始人肖逸群（私域肖厂长）的IP项目，从一线员工变成直接向CEO汇报，我们抓住Vlog的风口，全网涨粉50万+。随后两年，我操盘过知识付费账号、运营过直播，也都取得了不错的成绩。我内心开始迷茫：我怀疑原来那个"天才文案人"，已经消失在时代的浪潮中。

直到2023年，团队转型发售操盘，当时为了写好文案，我一边翻开以前的爆款文案拆解复习，一边恶补各种商学知识，最终掌握了“发售内容”这一当时最高效率的核心技巧。

在肖厂长的带领下，我为周宇霖、高海波、清华陈晶、笛子、格掌门、璐璐、孟慧歌、酒店葛老师等各领域头部一起用一篇篇刷屏的销售信和视频，给他们带来影响力和销售额的全面提升。在跳出行业看行业，跳出自己看自己的过程中，我看清了自己的天赋和热爱，我也意识到：好内容所赋予IP的不仅仅是影响力放大，更是整个商业体系的全方位效率升级。

“所有的钱，都会来到赚钱效率最高的地方”，这个简单的商业规律，也适用于大多数人和场景。在我扮演商业文案写手角色时，1000万投放预算，别人创造1600万价值，我的内容能创造2000万价值，我就能和团队一同脱颖而出；做短视频编导，我每条视频可做到1000万播放，就可以快速帮助IP成为“现象级”；后来我用一篇篇10万+销售信帮助老师、IP们一次发售顶半年，我终于对内容生态有了全新的认知：或许图文、短视频、直播等内容形式会褪去热度，但是读者渴望更优质内容的需求永远都不会改变。我也理解了《孙子兵法》中的“兵贵胜，不贵久”。所有人的时间都是有限的，谁有更好的效率，谁能在有限时间内创造更多的价值，就能成为笑到最后的人。

》03 守正、积势、待时，足以超越 99% 的人

2024年，我接受过很多咨询和分享邀约，大多都跟“发售”“内容变现”有关，但我认为最高效率的通用成事心法，反倒是在采访各行业最精英的1%后做出的总结。

当我把目光放长远，看到优秀创业者都是怎么一路从普通人过来后，我发现每个人都是从黑暗无知的迷茫里跌跌撞撞走出来的。成事最可靠的策略无外乎孟子说的六个字：**守正、积势、待时**。

守正，即恪守底线。正路会越走越宽，歪路则会越走越窄。越是得势时，越要守住自己的内心和底线。很多创业者，哪里能挣钱，就往哪里攻一攻，每天都在研究怎么走捷径，最后这边好不容易挣到一点钱，那边又赔掉了。只要你能稳住人生，能不怕风雨地经历世面，并且走正路，未来即使不能如你所愿，也必然能如你所意。

积势，就是让自己变得强大。在迷茫和弱小的时候，要根据目标蓝图积累能力。如同水流，不断积累势能，才能在未来的某一天爆发。反之，如果你看到什么机会都只能现学，你成功的难度必然比别人要大。2023年1月开始，我强制要求自己每天阅读30分钟，创作500字以上，半年写完20万字复盘笔记后，我发现最大的惊喜并非工作能力的提升，而是精神内核的极度稳定。

待时，则是在苦练内功的同时，不放弃身边可能出现的机会。能力的发挥需要一个好的机会，而何时会有机会是不可测的。对于你我来说，“静心苦练”这四个字真是要命的。下一个风口什么时候到来不知道，但是我们要有“静等风来”的耐心，也要时刻追求更高效能的状态，才能早点遇到机会和贵人。

所以哪怕阅读到这里的你，没有投身创业，我也希望你不要停止新机会的尝试和对市场的了解。我们不需要跟别人比个输赢，只要今天超越昨天的自己。我们只需要每一天都能够保证自己昂扬向前，永不停止，那么心中的梦想就会实现。

» 04 世上最快的捷径，就是不走捷径

“坎坷之路，终抵繁星”是我用了5年的微信签名，也是我一路激荡的真实写照。

创作路上，我一直在持续学习，了解不同行业领域的营销生态，寻找创新灵感；我学习拍摄、打光、剪辑等技巧，为各领域IP拍摄具有电影美感的短视频；我学习演讲、直播和表现力，而不仅是将自己限定为一个文案人；面对别人的像素级抄袭，我亦不再抱怨，反而以此为动力，促使我每次都要全面创新和迭代。

正是这么多年的坚守，我得以完成了3个迭代。

1.方法论迭代：我经历过图文、短视频、课程、直播的全流程，对内容拥有了海量实战经验，也对不同领域、不同阶段IP的关键指标和数据维度有了清晰认知。

2.认知迭代：每参与一个新项目，我都会倒逼自己了解该行业的底层逻辑和用户痛点，每定稿一篇新文案，都是我对商业世界底层逻辑的一次深度学习和总结。

3.资源迭代：任何能做发售的IP都是各行各业的头部，我也从中积累到不少靠谱的人脉，也从他们身上学到了很多关于商业、流量、产品、销售等宝贵的能力。

我也看见，在略显心浮气躁的时代，很多IP做内容更倾向于”套模板、用公式、洗爆款”的快消品思路，对原创和情绪表达的热情却渐渐消退，其实内容营销最终还是要回到“如何讲好一个故事”这个根本问题上，遵循人与人交流的客观规律，放下对捷径的迷恋，用理性的态度应对环境变化，顺应趋势，实现人生破局。

所以2024年2月，我怀揣着自己的理想，也是在肖逸群、邢海鸟、王奕迪等前辈的鼓励支持下选择创业，希望能成长为托举众多IP影响力升级的内容导师和超级个体创业者。

期待未来，你不仅是我故事的读者，更是与我并肩书写新传奇的伙伴，让我们携手打破界限，奔赴星辰大海。

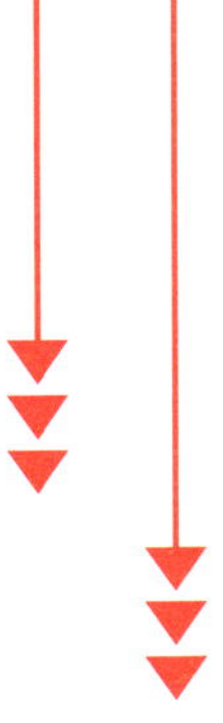

菲陌

三个方法，
完成高效人生底层思维跃迁

菲陌

财富职业地图规划师

图形思维培训师

十年设计手绘导师

国家注册高级思维导图指导师

“花开多风雨，人生足别离。”当你看到这篇文章的时候，应该正是2024年的高考刚刚结束的日子，状元采访将会霸屏各大App，大街上会出现一张张青春恣意的脸庞！无数学子将会拉着行李箱在9月走进校园！有人进，自然有人出！

我毕业那年夏天，正是北京奥运的第二年，那时候我有三个选择。

第一：我的家乡在新疆阿勒泰，在这里考公拿到第一可以进不错的单位！

第二：父亲给我打电话，支持我继续升学！

第三：大一休学去北京闯荡的闺蜜，已经出书且是豆瓣红人，算是浅浅在北京落脚了，拉我一起去闯荡！

只是过年前夕，我刚刚失去了我的母亲，所以我有些逃避回到那个城市，感觉我只要不回去，就不会真正感觉到她的离开（那时候一直很忙碌，没有意识到自己的心理疾病很严重）。我也没想好，到底要不要去北京，不知道是不是因为妈妈走了，在大学期间那种说走就走十几个城市的勇气一下子就被抽离了！

宿舍对面同样没走，平时少有交流的女生，拉我去看帅哥，推动了我人生事业的第一个齿轮！决定了我未来十年的职业生涯！以上三个我都没选，我选择了一条当下不一定好，但是是属于自己的路，这也是我要提出的第一个方法：

» 01 懂得花钱买别人的经验和技术

花钱购买别人辛苦五年，十年琢磨的技术，充实自己的大脑和人生经验，且刻意练习并掌握，一定是最划算的投资！青春最值钱的是时间，但是也不能浪费，高效利用起来才是关键！

当时宇哥正在台上讲课，是当时三和设计手绘的首席技术老师，身高183，戴着眼镜，不太说话，专注作画！有才华的人总是自带光芒与魅力！不知道是不是少年时遗憾没有学画画的DNA动了，我拿着在学校时各种商业活动攒的积蓄交了报名费！在附近租了个单间！不管是什么原因，我找到了留下的理由，并开始了我为期50天的魔鬼集训，挑战迅速掌握一门技术！从条线到单体，到全景，课程过后每天A3大小的打印纸画满，我们要画15张！

每天助教会批改，老师再针对群体问题做复盘！高效的训练每天看得见的进步，让我很兴奋！原理很简单，教授课程，大量刻意练习，在不停复制中领悟技巧方法，训练肌肉记忆！09学习期间的很多画作找不到了！但是我一个建筑工程专业的学生，也真的掌握了这项技能，同时倒逼自己学习了，环境艺术设计，建筑设计，城市规划设计的底层逻辑和原理！

昨天是2024年5月9日，我翻了翻书房，搬家后只带回来部分画作留作纪念，多是在2010年—2017年之间完成！集训结束后出于喜欢，又都是优秀且热血的年轻人，于是2010年我承包了湖南各大高校的巡回画展和宣传工作并加入了设计手绘团队，成为创始人之一！后面这几位优秀的老师都成了我人生重要的合伙人！

再后来，经过大量项目实操、户外写生，我也开始代课，成为特训营的麻辣督导和心理疏导二导“女魔头”！看着每个刚来工作室的学员，从线条都画得歪歪扭扭到毕业时能独立完成快速设计思维展示，完成设计效果图展示，并且顺利考研上岸，都是我最快乐的时候！

与此同时我也爱上了短时间内迅速掌握底层逻辑，加大量刻意练习的学习模式，用这个方法迅速掌握了多项软件（Pop、PS、3Dmax）并熟练运用到各种设计类建模，效果图项目展示，还延伸到了婚礼行业。收益自然也是多番的！

以上是高效学习技术带来的职业转变！在之前学习手绘的过程中，我有幸结识了一群志同道合的朋友，他们来自不同的城市，甚至不同的国家，有着不同的背景和经历，但都有一个共同的目标——通过手绘实现自己的梦想。在这个过程中，我发现了一个有趣的现象：那些手绘技术比我好的人，往往思维方式也比我更加灵活和开放。他们能够从不同的角度看待问题，提出独特的解决方案，并且能够快速地将自己的想法转化为实际的作品。

这让我意识到，手绘不仅仅是一种技术，更是一种思维方式。通过手绘，我们可以锻炼自己的观察力、想象力、创造力和表达力，也可以提高自己的审美水平和艺术素养。而这些能力，对于我们的职业发展和个人成长都有非常重要的意义。

于是，我开始主动向手绘技术比我好的朋友请教，学习他们的思维方式和解决问题的方法。我还会认真观察他们的作品，分析他们的创作思路和技巧，并且尝试将这些方法应用到自己的创作中，甚至跨行，将其运用到读书领域！通过不断学习和实践，我逐渐掌握了一些新的思维方式和创作方法，并且能够将它们运用到不同的领域中。

我学会了如何用简单的线条和色彩来表达复杂的情感和意境。这种表达方式不仅适用于手绘，也适用于其他领域，比如创意策划、记忆、读书、写作、设计、摄影等。通过将手绘的思维方式应用到这些领域中，我能够更加生动地表达自己的想法和感受，并且能够吸引更多人的关注和认可。在2016年在有书app得雷文涛先生慧眼成为全国领读人，我小试牛刀，每本读完的书，我都会用手绘把书籍的主线、暗线、逻辑整理清晰，再通过手绘表达出来！后来我知道，这种方式有自己的名字，叫思维导图！

» 02 多和拿到结果的人交流，用知识武装自己

历史是一个个轮回，只是表现的形式不同罢了！多和拿到结果的人交流，多和领域内优秀的人交流，这里用8年后，就是现在词语表达，就是“向上社交”。很多人说我社恐怎么办啊？看书啊！阅读

永远是完成跃迁最简单的工具！其实，本质来说就是大量阅读，有效阅读，终身学习！

我阅读书籍类目很杂，世界名著、小说、散文、周刊、工具书都看，最喜欢看的是人物传记！上学前我就已经能自由阅读了，这归功于小学一年级前，已经被爸爸逼着抄了两三遍新华字典！吭哧吭哧，认字加联想能大概知道书、报的内容，阅读起来如蛟龙入海！感恩老爷子，小时候给我讲故事的那段时光！

我妈妈在我小时曾告诉我，每日清晨爸爸布置完抄字典的任务就出门做生意了，我的两个哥哥是爸爸不在家立马就会跑出去玩，只有我会认认真真地坐在那里，一写就是十几页。现在回忆起来，这种短期高效掌握一门技能的方式，是从还是娃娃的时候就开始了！

说回这个思维导图，严格来说，他和设计手绘展现设计思维的方式还是有本质区别的。在练习使用的一段时间后我发现自己走入了一个误区：图形分解展示思维的各类方法，无论是用在解读一本书，用在教学，还是用在策划和演讲上，首先应该是整理思维的一种思维工具，其次才是演讲和展示！

我们在锻炼思维的过程中，短期高效分析出实际底层逻辑思维内容比外观漂亮更加重要。那时候我的思维导图很精美，所以我的书友粉有很多都是在绘画的部分花费了大量的精力！这实在是不可取的！

当时的数据又很不错，每篇的阅读、点赞、评论、转发都不错，我有点被数据绑架了，花了点功夫说服自己砍掉这一块的诱惑！于是我骨子里的DNA又动了，我必须弄懂各项图像思维的底层逻辑，于是将市面上的各类书籍都买来看了。我又进入高效锻炼逻辑思维的模式——不停地阅读，不停地画思维导图，不停地分享精进，不停地刻意练习！图解的乐趣在于这个过程会启发新的联想，做出更好的判断，而这才是本质上服务于我们自己！

» 03 多做利他的事情，用别人的资源成就自己且达到双赢

由于在大量阅读和在刻意练习图形思维的过程中，做了很多的义务分享和有意义的活动，所以我结识了很多从事商业、设计、广告、出版等各个行业的朋友。我们彼此间惺惺相惜，他们会向我介绍一些商业机会，还想要帮助我建立自己的品牌和工作室，并表示，只要是我做，他们就投资！

通过朋友的投喂，我不仅能够获得更多的商业机会和收入，还在彼此的分享和交流中学习到他们的商业经验和管理方法。他们教会了我如何制定商业计划、如何与客户沟通、如何管理团队，等等。这些经验和方法，对于我未来的职业发展和个人成长都有非常重要的意义。

例如，2011年第一次在与一家广告公司的合作中，我负责为他们的客户设计一款海报。在这个过程中，我不仅会考虑到客户的需求和品牌的形象，还要考虑到海报的传播效果和市场反应。通过与

广告公司的沟通和协作，我能精准地定位用户画像，理解他们的需求和期望，并且能够将这些需求转化为实际的设计方案。同时，我也学会了如何与团队成员协作，共同完成一个项目，并且能够在项目中发挥自己的优势和特长。

通过这些合作机会，我逐渐建立了自己的品牌和工作室，接到了更多的商业订单和项目。十多年来通过不断的优化，我一次次拿到了不错的成果和收益。2019年我成了一名可爱姑娘的妈妈，五年来，在成为母亲的阶段我研究出了更加适合个人快速成长，拥有高效顶级思维模式，并能高效清晰解读人生地图的方法！

» 04 总结

通过以上三个方法，每一项都可以用三个月的时间完成思维以及人生的跃迁，并且不断靠近自己的人生目标。这些方法不仅适用于个人，也适用于教育和企业。如果你也想实现自己的人生目标，不妨尝试下这些方法，如果自己的能量不够，可以来找我，环境的正能量能使种子快速健康地发芽成长。

28天我会帮助你真正建立起好的思维习惯，3个月辅助你掌握顶级思维逻辑，用一年的时间，通过深度拆解书籍，有效阅读，辅助你完成思维的跃迁！未来的一天，你会惊叹自己的成长，来找我，并告诉我："原来，我也可以，我真的很优秀！"

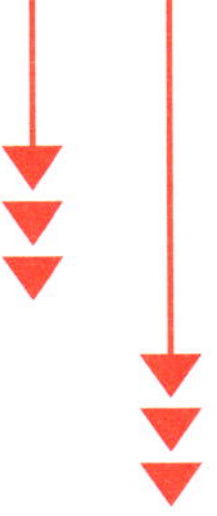

格小格

心怀使命，达己成人，
从北大金融女神到生命教练

格小格

北大商科 / 艺术双学位
千万 IP 操盘手
美好生命创始人
致力帮助百万女性绽放生命

从北京大学光华管理学院毕业后，我曾有机会步入金融精英的行列，但我选择了一条不同的道路，成为一名“数字游民”。

一个体制内家庭出身的女孩，拒绝了传统的稳定职业路径，选择了一条不同寻常的道路。

我的同学经常问我：“为什么会有这么大的反差，你究竟经历了什么?”

每次听到这个问题，我都会想起人生中的几个关键时刻，就仿佛命运对我发出的邀请，让我得以挣脱世俗优秀光环的牢笼，从“达己”的学霸女神，走向“达人”的生命教练，让我走出象牙塔，与更多的灵魂更好的碰撞，用我的生命影响更多的生命。

» 01 我一直是别人眼中的榜样，却不是自己心中的自己

成长道路上，我一直都是顺风顺水的人生赢家。我出生在一个边缘省会城市，从小没有经济物质上的困扰，原生家庭相亲相爱。在最好的初中，最好的高中，常年做第一名。高三请假回家自习，摸索出一条老师都要拜读的考试方法，最后成功来到梦寐以求的北大读书。

在北大的四年，我创造了不少的奇迹——修双学位、刷绩点到满级绩、向学术泰斗求学、参加5个学生会部门、去贫困县支教、在头部投资公司和互联网大厂实习、创立哲学教育公司、在家乡做双师课堂模式、在全国各地中学巡讲。

大学毕业，我来到上海陆家嘴顶级私募，我没有陷于工作的小圈子里，反倒是去探索更大未知的世界。我作为女主角公演了好几部话剧，作为旅行主理人足迹遍布全国，面向5万人直播演讲成为全国冠军，上台讲过脱口秀，也做过百万IP流量操盘手，又顺便做了千万业绩私域操盘手……

我的朋友圈总是点赞爆满，所有人都羡慕我过着“梦想的生活”，我也知道自己拥有一切美好的条件，但好像每一份光鲜都只是我打卡的试卷，轻松拿到100分而已。外在光环越大，我的内心越空虚。

直到现在我才明白，这些只是头顶上的“光环”，而不是我们内心的光。要真正让我们幸福，还是依靠内心的光。

» 02 从低谷到黎明，自我救赎

三年前疫情来临，打乱了我出国的节奏，我被限制在隔离酒店和方舱中转，每天看外界局势如何动荡，担忧病毒怎样变种肆虐，又逢至亲突然确诊却因限制无法住院，我便在家中陪护照看晚期癌症病人。命运打击接踵而来，一次意外受伤，我不得不卧床休息，把自己包裹在暗无天日的狭小空间里。听闻至亲在家中离世，我近在咫尺却没办法握住他的手做最后的告别……这仿佛是最后一根稻草，将我彻底击溃，我瘫坐在自己的小床上号啕大哭。

我曾经坚定地以为，面对世俗的试卷，我可以轻松写出所有标准答案，这也是很多人拼尽一生去追求的，可在老天的玩笑面前，我开始质疑自己：为什么要答这份试卷?

为了能找到让我心安的答案，我疯狂阅读了无数书籍，听了无数课程，咨询了无数专家，但做得越多，我却愈发迷失方向，我感觉自己正走在一条没有尽头的路上，不知道方向，不知道目的，不知道意义，甚至没有勇气向前走。

那段日子的我仿佛换了一个人，日夜消沉，状态低迷，经常在深夜里痛哭。

我的一位导师不知从哪里得知了我的近况，特意拉着我说："格格，给你个挑战和任务，去考一张生涯规划师证书。"现在回看，导师就像老天派来的贵人，冥冥之中给我指明了方向。

"生涯规划师"，这五个字与我共振极了，瞬间击中了我沉睡已久的灵魂。我立刻报名去系统学习职业生涯规划知识，周末上课，周中咨询练习，每次个案结束后，都马不停蹄地复盘，并接受督导。终于，我在半年内通过100个小时个案积累、督导指导和认证考试，顺利成为中国当时最年轻的中级职业生涯规划师之一。

最开始我帮身边的朋友和同学做咨询，收获众多好评，但随着个案不断增多，样本不断增大，我发现很多时候大家道理都懂，能力都有，但却没有解决底层心力卡点，发展还是受限。我曾经为一个学妹做咨询，系统梳理、给了可行的方向和方法后，转眼再看她的朋友圈，她却还是选择了最开始找我时，最不想要走的那条路……

不甘心只帮助咨询者解决表面问题，不甘心只懂职业生涯规划的知识与方法，于是我又跟随CCF中国教练联盟主席陈序老师学习教练之道，学习提升心力的智慧。在不断练习和实操中，我日渐参悟到教练的道——爱，即使忘记所有技巧，爱和智慧也能引导人们。

» 03 从生涯咨询到生命教练，自我超越

我现在还清楚地记得，有位大厂工作的女生，之前她每天996，和别人合租在北京外环，家与公司两点一线，通勤每天四小时。来找我时脸色苍白，整个人散发着疲惫，明明是貌美如花的年纪，早已经没了生气。她与我抱怨自己每天有开不完的需求会，要写各种形式主义的报告，担心被优化只能不断内卷，熬夜加喝咖啡续命，头发大把大把地掉，还不知道自己螺丝钉般工作的价值。在北京工作两年，甚至没去过一个景点逛逛看看。

我用3次教练对话，从底层信念系统开始扭转，再通过咨询、测评、讲解，深度自我挖掘与重新定位，找到她的生命意图，发掘她真正的天赋和热爱，再一次次跟进到落地的每一个环节。最终，在我深度赋能陪伴了一年后，她成功开启新的事业，开始用热爱和擅长去变现，不再内耗和焦虑，形象气质也发生了巨大的变化，还吸引到同频有爱的伴侣，即将组建幸福的家庭。

当她和我说起，“我终于体悟到富足喜悦与全面开花的生命当是何种状态了”的那一刻，我发自内心地笑了。因为，我太喜欢见到别人因我而发生改变，变得更美好的样子了。那种成就他人的幸福，对我而言远远胜过自己取得一切成功。

如果此生只能做好一个角色，那一定是教练。我愿毫无保留地分享我的智慧和经验，帮助他人实现生命的绽放，摆脱失衡，获得内心的安宁与快乐。

生命是一个不断成长和变化的过程。我也在不断地学习、探索、成长，试图找到更多的生命智慧。我帮助大厂高管从被优化的焦虑中走出，实现她热爱的事业成功变现；我带领优秀履历的职场新秀，打造个人品牌，业绩翻倍；我指点财富自由的客户找到人生使命，开启下半场人生奉献之路；我帮助创业女老板更好平衡家庭与事业，在多个维度上收获幸福……

这些真实而生动的个案让我深刻地认识到，每个人都有自己独特的生命旅程，都面临着自己的挑战和困境。但是，只要我们愿意去面对和解决这些问题，就能找到属于自己的解决方案，实现自己的生命价值。

我也总结沉淀出实现生命绽放最重要的四个维度：挖掘生命力量、清晰自我认知、全面人生平衡、热爱变现事业。

» 04 和光同尘，深入探索生命的无限可能

“格格，你是一切美好的总和。”

多年后，当我回到那个舞蹈室，纪念我作为咨询师拯救的第一个灵魂时，我从未后悔离开上海陆家嘴的决定。帮助他人成长的同时，我也实现了自我觉醒。我找到了自己的生命意图：全然理解、全情付出、敬畏地去爱，去帮助且成就他人。

当然现在的我，不再是以前上海陆家嘴的金领丽人，很多时间就像是个“无业女游民”，我会在湿热的舞蹈室里与世俗定义下的“病人”做咨询，当我带领她们走上修心之路，看到更高维的生命状态时，我觉得一切都值了。当我收获一个个灵魂深深地认可，当收到她们给我寄来的礼物贺信，发来长长的小作文，晒出幸福瞬间与巅峰成就时，我总是热泪盈眶。在生命的相互影响下，我逐渐不再纠结何为人生答卷的意义，因为是我为答卷赋予了意义。

3年期间，我付费几十万拜师学习，实践过生命能量、心力成

长、高维智慧、教练、女性魅力、亲密关系、商业战略、职业规划等十多个领域。

经由导师们指点，我得以站在巨人们的肩膀上，并不断地以令自己想不到的速度快速迭代，活成了最高版本的自己，领悟到了高维智慧，找回了真我的灵魂，创造出丰盛的事业财富。

当下是快速发展的时代，也是焦虑内卷、痛苦不安的时代，最重要的就是人心不能迷失。只有这样，社会的发展才不会偏离轨道。

这一生，我一定要把这份生命智慧系统输出，帮助更多人突破现有瓶颈，终结身心内耗，摆脱人生失衡，实现事业跃迁家庭幸福，活出真正富足喜悦的人生。

我愿意毫无保留地分享我的智慧和经验，用此生不遗余力地去助人。我也相信我有能力帮助你实现生命绽放，让你摆脱人生失衡，获得真正内心的自在安宁与大快乐，收获灵魂长久幸福，实现事业跃迁家庭幸福，活出富足喜悦的人生，活成最高版本的自己，成为独一无二的艺术品。

从全县状元到体制内妈妈，十年蜕变，我用自律复盘重塑高效人生

佐佐

体制内二孩妈妈

全县第一上岸事业编

三年写 1000 篇复盘日记

三个月读完 33 本书

我是佐佐，来自福建一个有山有水的小县城，一名体制内的打工人，也是两个可爱宝贝的妈妈。我从小就是长辈眼中又乖又孝顺又好学的孩子，是家族同辈的榜样。

但其实，在25岁之前，我并没有所谓“自律”的概念。生活作息上，我随性而为；学习上，我靠着点儿小勤奋和小聪明撑住场面；父母不做要求的方面，我就是一条咸鱼……而就是这样的我，从25岁开始，在几个重大人生节点上，都靠着自律复盘走出低谷，收获成长。下面就是我用10年时间实现“自律觉醒”，拥有高效人生的故事。

» 01 25 岁那年，自律复盘助我考编成功

25岁的我以全县第一的成绩考上家乡的事业单位，这算是我人生最“辉煌”的时刻了。可在那之前的三年，却是我人生的至暗时期。

大学毕业那年，我复习了整整半年的教师招聘考试，结果却落榜了，几乎同时，英语专业八级考试也以半分之差没有通过。因为没有专八证书的应届生很难在城市立足，我只好听父母的话先回家备考。

原本我是家族里唯一一个考上一本的大学生，是爸妈的骄傲，

谁知一毕业就跌到了谷底。小我5岁的亲妹都考进体制内了，备考两年多的我还是屡战屡败；同龄的两个表妹都相继工作、结婚、生子，好闺蜜们也在城市里考研、入编、进大厂，而我还领着临时工的工资，在家啃老，没事业也没爱情……原本支持我专心备考的爸妈，也开始叹气、焦虑，甚至开始催婚。

其实我自己的压力和焦虑，怎么会比爸妈少？在家备考过的人都知道，平常最怕亲友的关心，哪怕是鼓励也让人平添压力。每次考试出成绩时，无论好坏，我都恨不得找个地方躲起来，隔离全世界。

重压之下的我开始寻求出路。我强迫自己“动起来”——运动、活动、脑动。

我开始每天去健身房跑步，让汗水带走自己的压力，还让自己的体重时隔8年重回了两位数。

我开始在工作和学习之余，有意识地外出社交，认识新朋友。这不仅让我的情感和情绪有了出口，还让我有机会向更多已经“上岸”的朋友请教备考经验，也因此遇见了我考编路上的“贵人”。

我开始回顾自己两年多的备考经历，重新制订学习计划。当时我还没有复盘的概念，只是告诉自己要总结失败的经验教训，最后得出的结论就是：要成功，必须拼实力。考编成功确实需要“实力＋运气”，但我能掌控的只有实力，只有笔试分数足够高，才能够把运气的影响降到最低。所以，我决定把自己当“做题机器”一般去训练，海量刷题磨手感，同时稳定心态，告诉自己：但尽人事，看淡成败。

最后一次备考的那段时间，我每天晚上11点睡，早上7点半起，下班后跑步一小时，雷打不动。我利用所有的碎片时间来刷手机App上的题库，上个厕所刷10道题，等个红灯也能刷两道题。考前一个月，我直接请假，在我那个考编“贵人”的指点下，每天固定在早上9点到11点刷一套试卷，严格计时，到点停笔，培养自己在正式考试时间内的“身体兴奋度”。事实证明，确实有效。

记得在考试的前一晚，我做完了最后一套模拟卷，算出来只有60多分——这是个绝对考不上的分数，但我内心并无太大波澜，只是嘲笑一下自己，“哈哈”两声就去洗澡睡觉了。结果一个半月后成绩出来，我考了87.2分，全县第一，因为不用面试，所以直接被录取了。

那一年，我用实力证明了自己，却没有意识到是自律和复盘使我成功，只认为是天道酬勤。

» 02 30岁那年，自律复盘让我找到了自己

25岁考编成功后，我的生活似乎一切都“顺了”。成绩出来后不久，我就和一个相识了两年的朋友确定了恋爱关系——没错，就是我的那个考编“贵人”。他帮助了我，然后自己赚了个老婆。一年后我们结婚，再一年半后生了个可爱的男宝。小夫妻恩爱，大家庭和

睦，房车都有，吃穿不愁……总之，我爸妈的心愿一个个实现，我又成了他们的骄傲。

可成为妈妈后的日子，却没有我想象中那样顺利。孩子出生前，我就买了不少育儿书来阅读，决心做一个坚持科学育儿的好妈妈，要养育出健康优秀的宝宝。然而，当孩子真正降临，兴奋和喜悦并没有维持多久，接踵而至的是各种我应对不来的问题：孩子频繁肠绞痛要整夜抱着睡；七个月时我急性甲亢，被迫提前断奶；不到一岁因用错药伤了脾胃，从此挑食体弱；一岁多时培养自主进食失败，每次喂饭都像打仗……

学了那么多育儿知识，我却依然带不好娃，育儿理念也得不到家人的支持。除了孩子的单纯可爱，在“妈妈”这个身份下，我得不到更多的正向反馈，有的只是不断堆积的焦虑、内疚、迷茫。我想在工作上找回些成就感，可负能量的堆积让我每天不由自主地失眠熬夜，在孩子睡着后的深夜，试图用手机填充内心的虚空。而睡眠不足又影响到我第二天的精神状态，面对工作和育儿时更加手足无措，陷入了无尽的恶性循环。我常想：像这样围着孩子团团转的日子，还要持续多久呢？生娃前，我是为了爸妈的期望而活；生娃后，我是为了孩子而活。我什么时候能为自己而活呢？我想不出答案。

这样的状态持续了半年多，在我多次尝试戒掉手机依赖，早睡早起失败，就要放弃努力时，偶然间读到了K叔的《懂得对自己下狠手，生活才会对你温柔》，并被他真诚的文字和相似的背景所吸引，关注了他的公众号。在他的文章里，我看到了一个普通人通过自律可以获得的成就。我崇拜他，羡慕他，想成为像他一样的人。

我尝试学习书里的方法，先用30天完成一个小挑战：画日签。画日签让我有了一点专属于自己兴趣的时间，我感觉空前地满足和开心，最后一画就是100天。完成挑战后，我看着铺满一地的“我为自己活过”的证据，开始相信：我还可以变得更好。人只要开始相信自己，改变其实很容易。我一周内就适应了早睡早起的新作息，并戒掉了熬夜的恶习，然后瞒着家人，花了近三千元的“巨款”报名了第二期的108自律行动营。

而让我没想到的是，迎接我的是各种认知上的“暴击”：我为了实现自律而来，第一节课就告诉我“不要为了自律而自律”；我期待每天家庭、工作、学习样样兼顾，K叔却说“没有完美平衡，只有动态均衡”；我原本只想学习时间管理，K叔却让我寻找“人生使命”，还要写一份自己的《人生基本法》……听起来课程很“反常识”对吧？可当时的我，每天就像被打了满满一管的鸡血，无比兴奋地早起听课、写作业，几乎每一份作业都能写出心流的感觉。

特别是在学习了K叔的OKR个人目标管理法之后，我仿佛打开了新世界的大门。我把想实现的目标拆解到每周、每日的计划中，并开始日更“亲子行动日志”，直到800多天后我的二孩降生才暂停。通过坚持日复盘，我实现了一个月减重10斤、连续早起500天和考各种证的目标，体会到了“人生由我掌控”的成就感；通过在朋友圈晒出自己的亲子日志，我收获了无数的正反馈，体会到了育儿的幸福，孩子也更加健康快乐。

那一年，我初识“自律复盘”，并找回了自己。

» 03 35 岁这年，自律复盘让我重获新生

我以为日子会一直这样平凡快乐、持续变好下去，可一切都在二孩降生后被打回了原形。

若要用一个词来形容我生下二孩后的那段日子，那就是“失控”。原以为，二孩就是“1+1＞2”的快乐，却不知，同时也有“1+1＞2”的忙碌和混乱。我女儿是特应性体质，从出生开始就反复湿疹，慢性瘙痒让她成为一个睡渣，折腾到两岁多才戒掉奶睡和摇睡。由于女儿经常半夜闹觉，不仅我自己睡不了整觉，她不到六岁的哥哥也被迫提前和我们分房独立睡。更糟心的是，女儿的“trouble2”撞上了儿子的小学一年级，女儿这边需要我贴身陪伴和情绪引导，儿子这边也需要我帮助适应新身份和陪写作业，可我却分身乏术……

总之，我对二孩生活的美好幻想，被现实中的困难击得粉碎。我对孩子的养育期望越高，执行起来就越混乱，挫败感就越强烈。我又回到了五年前的那种日子，失眠、熬夜、自我怀疑，仿佛原先一切的努力都白费了，我又弄丢了自己。

为了自救，我回到了108自律行动营重修。先导课里的一段话让我泪流满面：是什么让“自律飞轮”实现高速旋转的？不是第1下的推动力，也不是第2下、第3下……第50下、第100下，而是“你在这段时间，持续不断付出的每一份力的总和”。所以，没有丢失的时间和白费的努力，一切经历加起来，才造就了今天的我。我的“自律飞轮”或许放慢了速度，却从未停止转动，随时可以重启。

接着，我开始借助108自律行动营的课程和作业，复盘过去的五年。我发现：我虽然写了这么多日志，却大多是流水账而缺乏深度思考和有效复盘，让自己陷入了“低水平循环”，导致成长停滞；我把太多的关注放在了孩子身上，却不关心自己的真正需求，才导致了我的内耗、焦虑。

想通了这些后，我开始了一路“狂飙”的三个月：完成全屋“断舍离”，不仅使家务大幅缩减，还意外减少了每月1/3的开支；读完了33本书，且每读一本实践一个方法，做一次阅读推荐；完成连更100篇深度复盘日课的挑战，然后开始更新自己的公众号、头条号、小红书，并启动了写书计划；甚至亲子关系和夫妻关系也得到了改善……我彻底走出了低谷。

这一年，自律复盘让我蜕变成为有史以来最自信、笃定、阳光、高能的自己，让我用三个月的时间，收获了超越以往三年的高效成长。我喜欢这样的自己，更期待未来，我能通过有效复盘，让自律飞轮持续转动，走出一条高效成长的人生路。

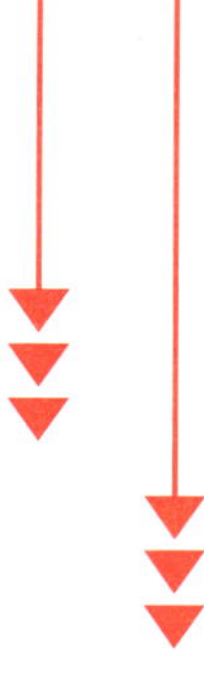

张渝

以自由之名，
创造自律红利

张渝

世界 500 强央企总部培训经理

国家版权课程培训师

6 年 5 点早起阅读疗愈师

1 天 1 本书超速阅读师

持续2400+天5点早起阅读，从数学不及格的大专生到世界500强央企总部培训经理。你敢相信吗？曾经的我是个不喜欢读书的学渣，掐点起床、打卡上班的文员。

现在回想起来，人生看似有无数种选择，但其实不外乎两种——自律和不自律。如今用安静书写的方式完成了一次跨越40年的内在整理，我终于对“自律”彻底祛魅了——“自律”并没有看上去那么荣耀，甚至，它只不过是个美丽的“谎言”。

» 01 坚持去做，不被定义

命运的齿轮刚开始转动就卡住了。

我是个偏科狂，文科比较好，从小学开始数学就不及格，到了初、高中，凡与数学沾边的科目成绩都一塌糊涂。母亲是小学语文教师，很重视教育，拜托学校老师给我补课，但无济于事，偏科的拐杖一拄就是整整12年。

1996年高考，原本打算放弃，可老师和父母一再鼓励我试一试：“万一运气好呢?”高考那天，突降一场暴雨，全身淋湿的我刚好坐在一把吊扇底下，体温上升的速度快要赶上吊扇旋转的速度了，脑中像被灌了八百斤乳胶漆一片糊，数学题基本不会做，索性就蒙吧！考完我就生病了，躺了5天起不来。

也许是命中注定吧，不得不说好运气能把猪都吹上天。文科发挥稳定，数学蒙得全对，就这样我稀里糊涂地考上了大学，虽然只是大专，可那年头大专也还算过得去。图个毕业后好找工作，选了计算机这个热门专业。学渣的大学时光一如预期平淡无奇，但有一件事印象深刻，无数次从不会解题、不会编程的噩梦中惊醒，我的长处依旧被短板不足的苦楚腐蚀着。

回想学生生涯15年，我始终丢不掉偏科的拐杖。这种感觉就像是一只荒原上瘸腿的鹰，我举起梦想的火把张望，但十里野草也只有沉默，只好继续瘸腿前行。我时常在想我高考的好运是从哪里来的？如今复盘，无非就两个原因：一是心态自由，二是坚持不放弃。庄子在《逍遥游》里提到“蜩和学鸠”，每个人都想做展翅高飞的大鹏，但可惜大多数人只长了“蜩和学鸠”一样的翅膀，飞不了多高就“啪”一声掉在地上。我看见并接受自己的严重失衡，为求一个可能性而坚持着，也为我的白日梦，只要不下牌桌，就永远有机会抽下一张牌。人人都想和时间做朋友，但时间只想和自律的人成为朋友。

» 02 主动“碾压”，“卑”喜交加

一个人可以同时拥有自卑和自律。

大学毕业后回到老家在一家国有银行做柜员，经常做不平账，

不得不自掏腰包填平差账，好在差额甚小。几个月后，本地一家知名大厂招人，专业正好对上。那天我穿着银行工作服去应聘，面试室里密密麻麻挤满了人。面试官问我："你的银行工作不是挺好的吗？为什么要来企业?"我脱口而出："银行的工作不适合我。"我被录取了。父母不放心女儿背井离乡，只是没想到老天另有计划，我被"发配"到千里之外的东北做出纳兼信息管理员。

当南方人初见人生第一场大雪的兴奋褪去后，900多个夜是泡在对家的思念里度过的。我每天都写信，但每周只把有好消息的信寄回家。那时开始玩QQ，给自己起了个网名"冷月"，因为永远记得东北的那些夜晚，从宿舍的窗向外望去，总有一轮清冷的月。第一份工作就这么勉强维持着，总觉得该干点什么，但又没动力去干点什么。实在是不适合这份工作，终于待不下去了，就瞒着父母给公司提交了辞职信，但公司领导坚决不同意，我一心只想调回总部，可是总部人才济济，一个大专生凭什么被调回去。不行，我必须考个本科，于是火速报了自考。

为了不学数学，我选了行政管理专业，比其他专业要多学3门课程，我一咬牙，认了。那时吃住都在公司，工作以外的时间全部都在学习。两年后我如愿拿到了本科，平均成绩85分；十年后，我又拿到了另外一个专业的本科，平均成绩83分。当你暂时找不到路时，自律的斧头会给你劈开一条路。但前提是你的任何行动都源自你内心的自由，是你真正渴望得到的，而不是外界强加给你而不得不做的。

几番申请后我终于调回了公司总部做人力资源，这一做就是20余年。31岁生孩子，新生命带来的喜悦很快被养育的焦虑淹没；35岁简单重复，人生好像就这样看到了尽头；40岁去看星辰大海成了泡影，日复一日的公式化生活很难激起波澜。有一天，看到我喜欢的作家李欣频在推荐电影《土拨鼠之日》，找来一口气看完了。男主是气象播报员，遇到一场暴风雪后，时间就一直在他讨厌的那一天里鬼打墙般轮回。现实中的我面对的是同样的问题：如何在重复但不喜欢的生活中寻求解脱？如何在不如意的日子里支棱起来？拿什么拯救我的平庸和不甘？凡有问题，必有答案，意外的是我竟然对阅读痴迷起来。

第一课　不知道该怎么形容我对阅读的喜爱。《小王子》里小狐狸对小王子说："如果你下午四点钟来，那么从三点钟起，我就开始感到幸福了。"书就是我的小王子，头天没看完的那一页我会小心翼翼地用书签夹起来，在未完待续的期待中睡去。就这样一天一本书，坚持了4年多的时间。有一年我读了400本书，画了300张思维导图。瘦了100斤的贾玲说，她拍《你好，李焕英》，重复了47遍。极致疯狂自律，终能有所成就。最终自律成全了我，让我实现了阅读自由。

第二课　有人反对超速阅读，说贪多嚼不烂，读得太快根本记不住。我倒不完全认同，做一件事关键看你要的是什么。速读有速读的好处，它能培养结构化思维，让你在60秒内迅速抓住重点，认知也会日渐深刻。想快则快，当慢则慢，这份掌控感是被自律碾压出来的。人生需要被碾压，我被年阅读量400本碾压过，所以才能懂得时间的慈悲。

» 03 自由“感召”，蜕壳重生

所有谜底其实都在谜面上。

持续2400+天5点早起阅读让我结识了越来越多的书友，我创办了读书会讲书，把自己喜欢的书分享出去，不断分享，不断收到正反馈。2019年转岗做培训，凭借着1分天赋+9分努力，原创出“生成式阅读法”和国家版权课程，从讲书到讲课再到国家版权课程培训师，我只用了两年多时间。小小的我站上讲台C位成了发光体，终于丢开了那根困住我多年的拐杖。

自律让我从一个内容消费者变成了内容创作者，也让我知道动起来才有风，唯有价值塑造才能让灵魂挺拔。

2020年我正沉浸在培训师的角色里，一个朋友发来一张我在沙龙做分享时的照片——天啊，胖得连妈妈臀都出来了，于是我下定决心要减肥。主题快速阅读30+本书，总结出减肥底层逻辑——“你是你吃出来的”。然后，通过控制饮食，1个月成功减肥17斤，至今体重保持在8字头没反弹过。自律让我把自己重新养了一遍，即便是淡妆素衣净食，内心也丰盛十足。通过减肥这件事，我对自律又有了更深的理解：所有为了坚持而坚持的事终究会失败，自律不是对抗式坚持，而是积极响应内心自由的感召，把这份感召外化就是自律。成功有门槛，但自律是没有门槛的。

无奈人生的课题总是此起彼伏，女儿小升初后遇到她人生中的第一个课题——“压力过大”。该怎么支持她呢？当你改变不了别人时就先改变自己。我开始学习心理学，努力成为阅读疗愈师，从而先疗愈自己，再去疗愈孩子。在成为阅读疗愈师的路上，课程复盘笔记就写了近5万字。我一边学习一边整理，精选这些年读过的好书，原创出职场人的阅读疗愈百本“书方库”，未来“书方库”还将持续迭代到千本乃至万本。阅读—学习—复盘—整理—输出，我就在这样的节奏里持续精进，在阅读中重新认识自己，疗愈自己，启发自己。

特别感谢我的女儿，她的到来让我完成了人生最重要的一次自我解剖和修补，放下那些过往侥幸的拥有，重塑坚实而柔软的力量。一切痛苦都是包装丑陋的礼盒，自律永远在浇灌我生命的张力，我越来越重视生命力的流淌，越流淌就越自律。

以上就是一个学渣以自由之名养成无痛自律体质的经历。写到这里，我突然对自律这件事有了新的顿悟：自律其实是个虚无的“谎言”，人们看到的自律，不过是你跟随内心自由感召过程的对外投射。那么，怎么找到内心的自由呢?《高效能人士的七个习惯》里讲要“以终为始”。以终为始，找到想做的事就去做吧，在完成它的路上，一定会养成自律体质，它会让你的整个人生支棱起来。人们常说自律者得自由，其实应该说自律是从自由里长出来的，它无须通知我们，就悄悄地改变了一切。自律是对生活和生命本身的笃定信念，这也意味着自律和自由互为因果并形成闭环。

本雅明在卡夫卡去世10周年时，写过一段话："没有谁不处于盛衰沉浮之中，没有谁不是韶华已逝却仍未成熟，没有谁不是在漫长的生存之旅的起点便已精疲力竭。"是的，生活难免让人精疲力竭，而自律的红利就是允许做自己，我再也不会拉扯自己了；自律的红利就是生命细胞的礼赞，永远焕然一新，永远生机蓬勃；自律的红利就是魔法师，没有就可以创造。只要我们一直在飞行，回头看过去，每一次飞行都是飞行，贴地飞行也算。人是时间的产物，你的自律，时间记得。

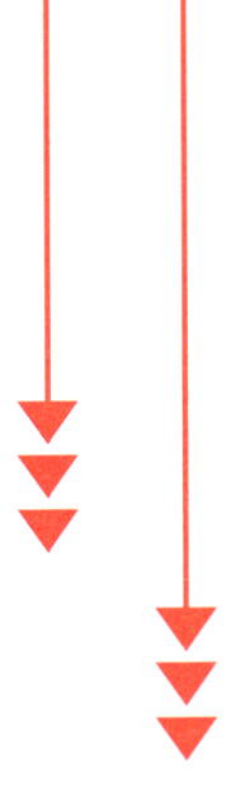

琦琦教练

掌握高效思维，
赢取未来红利

琦琦教练

“一行”认证教练，ACC 进阶中
三孩财税职场达人
健身爱好者，马拉松进阶中

人的一生，目标如锚，稳定我们前行的方向；高效如帆，助力我们乘风破浪。正如托马斯·爱迪生所言：“天才就是百分之一的灵感加上百分之九十九的汗水。”自律之花结出高效之果，正是这百分之九十九汗水中的精髓，让我们的生活充满变化，拥有无限可能，帮我们赢得人生红利。成为自己的人生导师前，我也有过迟疑与彷徨，痛苦与忐忑……

我，40+中年美女，三个男孩的妈妈，婚龄16年，异地16年，在病床上经历过生死，职场上几进几出。2019年底重返职场时父母来帮忙带娃，从此开启了鸡飞狗跳的日常。

“赶紧请假回来，小孩发烧得去医院！”

“给豆豆看下手机，把饭喂完再说，我们带不好，要你婆婆来……”

“就知道买买买，家里玩具都成堆了！看谁家这样，东西堆得到处都是……”

“妈，哥哥打我，打他……”“是他抢我玩具，还弄坏了我的，呜呜……”

“别吵了，还让不让人上网课了，烦死啦……”

以上五个场景，差不多每天都在我家里轮番上演。曾经的我也是深陷其中，想要逃离或改变，却深感无能为力。难道我的余生只能日复一日，而再无改变的可能？自认为作为“80后”，家中独女，在省会城市上过大学后，即使不能拥有开挂的人生，至少也能衣食无忧，平安顺遂地过完这一生。可现实却啪啪打脸，油费、房贷、教育费用等日常开支一样都少不了；工资中不溜，而且月月光，职场上似乎也没太多出路，真是见识提高了，努力跟不上，行动也软弱。为什么会这样呢？

» 01 学会理财，让钱为你所用

20世纪90年代初，我生活的小镇上开了第一家超市。明亮的灯光，整齐的货架，琳琅满目、五颜六色的商品，让十来岁的我充满了期待。第一次逛超市，我只想买瓶八宝粥尝尝，得到的回复是“等爸爸以后有钱了再买”。现在想来，凭当时家里的条件，是完全可以满足我的要求的。多年以后，自己工作有了收入，看到想要的，不管需不需要，只要当时买得起就会出手。留在上大学的城市快20年，毕业后搬家不下十次，家里还有大学时候囤积的东西。不知道这是否就是用物质来弥补曾经的缺失，用现在流行的话说，就是“把自己当孩子再重新好好养一遍”。不知道现在看文章的你又是怎么处理的呢？

最初简单而粗暴地用物质富养自己确实让我得到了满足，可经济的捉襟见肘，信用卡账单的压力很快就让我喘不过气来。赶紧停掉多余的信用卡，只留一张应急。开始写手账，记录每天开支，月底清算。渐渐地，对于一些“想要”而非“必要”的东西有了抵抗力。单纯的节流也不是长久之计，开源才是根本。学理财，培养副业技能，到现在财务上差不多能做到收支平衡，偶尔也会“放纵”奖励一下自己。

» 02 不断提升，给孩子更高的起点

学习上，爱好打牌的父母从没管过我，自小成绩虽不算名列前茅，至少称得上优秀。老师教授的知识，有些同学听不懂，我学得明明白白，还充当小老师教同学；完全可以冲刺县里最好的高中，但担心考不上，家里也没人给我兜底，于是报了第二梯队的高中。结果我的分数正好上线，却因未报考而无缘心仪的高中，反观另外两个发小儿，一个有个弟弟，家里重男轻女，平时成绩中等；另一个和我一样是家里独女，但成绩较弱，两人都进了那所最好的高中！

第一次明白，人生是可以有人托举的，父母的远见就是你的起点，放任自由看似是把决定权交给了你，其实是对自己责任的逃避。现在我对三个小孩的教育，就是尽可能让他们接触不同的领域，能

择一优势，长远规划，自谋生路；不想单纯在学习赛道上卷得天昏地暗，抑郁成疾。既然未经你们的同意就把你们带到这世上，那就由我来托底，上限就靠你们自己去拼搏吧！

老大学习并不出众，但自小参加学校乐团，对小号感兴趣，跟着专业老师学习多年，通过特长也进入了优质的中学。8岁的二宝接触了钢琴、国际象棋、书法、画画，对国际象棋这类有着胜负欲的活动感兴趣，可他当场弹奏钢琴就胜过别人练习一周的天赋又让我在选择时感到纠结。书法老师更是对他称赞有加，跳级和高年级学生一起练习。关于他的发展，真得好好想想。目前自己精力有限，三宝暂时鞭长莫及，就让他先当二哥的小跟班。希望这三兄弟能平安健康地成长，穷则独善其身，达则兼济天下！

» 03 把握当下，成为更好的自己

“反正女的都要结婚生子”，这是我25岁时的观念，现在想来好吓人！受够了自小家里三天两头摔东西吵架，想着早点结婚就可以逃离这里，不论三观是否一致，对方家庭背景如何，就这样闪婚把自己给处理了。如人饮水，冷暖自知。诚然，我的另一半收入一般，工资也基本拿回家，算是传统意义上的顾家好人。

对于三个儿子的择偶，现在我只想对他们说：“只要你能对自己

负责，把生活过开心，结不结婚、生不生小孩都可以，家里又没有皇位要继承！如果将来有心仪的对象，期待她能‘闲时与你立黄昏，灶前笑问粥可温’，同时希望你也有能力支撑起自己的小家。”

每天“热闹非凡”的家庭场景，让我渐渐开始逃离。下班后不是立刻回家，而是待在公司，在短视频里寻找放松与自由，等家人快要睡下再回家。即使有时早回，也会当着孩子们的面刷手机，很少带他们看书或参与亲子活动。渐渐地，孩子们也开始对手机上瘾，睡得越来越晚。而我由最初的压抑与无奈，变成了愧疚与焦虑。同时，毫无起色的工作与压力山大的经济状况也让我喘不过气来。

谁痛苦，谁改变！

喜欢和习惯看公众号多年，也认可知识付费。几年前买了许多感兴趣，或是感觉能给我带来经济收入的课程，有英语学习、理财创富、减肥塑形、声音变现、视频制作、抖音主播、写作等一大堆。可无一例外，都半途而废，在收藏夹里吃灰。同时感觉自己做什么都坚持不下来，悟性也差，真的是又懒又蠢！似乎所有的事都在形成一个恶性循环：想改变→买课学习→放弃→自我否定，焦虑抑郁→想改变……习惯性熬夜，又因孩子上学得早起，身体发胖和脱发也如期而至。看着如此颓废的自己，我该怎么自救？我可是一直心心念念想要成为给孩子们托底的人，为了成全当年无助的自己。

我想，是该寻找前进的动力与方法，放弃一蹴而就的念头，让自己沉下来了。因为一直在关注K叔的公众号，报过他主理的“一行”很多课程，也一直知道有108自律行动营。之前疑惑这种陪伴式成长有什么用，又不教授具体的技能，价格还有点小贵。但还是敌不住“诱惑”，更没法忽视那颗不甘而求变的心。前年“双十一”终于出手，正好过完年开营。深深知道那么多年的顽疾与现实的经济压力，不可能通过一个训练营就有质的突破。我轻装上阵，抱着哪怕往好改变一点也行的心态，慢慢融入训练，按节奏和方法调整。因为从小对心理学感兴趣，想对自身有更深入的了解，更想和关系紧张、正处于青春期的大宝好好沟通，又学习了教练课程，现在还在进阶学习中。虽然有时还是控制不了刷手机，但很少熬夜了，并且重新开始中断了很久的运动，特别是跑步，去感受一路轻松与自由，同时运动带来的多巴胺与内啡肽能让好心情更持久。

一切似乎都在慢慢变好，但随着大宝中考的临近，无形的焦虑又席卷而来。原本脾气火暴的我有时也能在崩溃的边缘控制住自己的情绪，和他好好沟通。我想这是我们都在努力，向一个共同的目标努力的结果。现在，我开始写下第一篇记录自己成长的文章，虽然粗糙的文笔让人有点不忍直视，但没有记录就没有发生。我知道一个人经历漫漫黑暗的煎熬，我也感受过改变的痛苦与快乐。未来，我更想陪孩子们读万卷书，行万里路。我将变成更好的自己！

高效思维与红利之间的因果正如著名科学家爱因斯坦所说：“我从不浪费时间去想那些我无法改变的事情。”这种高效思维的精髓，正是帮助我们聚焦核心，把握当下，从而收获期待的红利。

2024年已经过半，下半年你怎样度过？让我们一起探寻高效思维的真谛，书写属于自己的精彩篇章，欢迎扫码线上围观我的升级打怪，如果你想参与，欢迎结伴而行，我们约定：2024年12月31日跨年夜，大家一起来晒“成绩单”。

石蓝

34 岁新北漂
用 OKR 实现逆袭

石蓝

目标、时间管理达人

自律成长终身践行者

女性成长咨询师

帮助宝妈挖掘优势，实现个人成长增值

34岁，对于许多人来说，是一个职业和家庭生活都趋于稳定的年龄。但对我来说，却是人生的一次觉醒和重启。通过OKR触达任务目标与时间管理，并持续践行自律成长，我不仅在个人层面实现了突破，还帮助多位宝妈实现了认知上的破局，挖掘出她们的优势，帮他们实现了个人成长增值。

如果你正在为如何兼顾家庭与事业而烦恼，那么欢迎你来读一读我的成长故事，或许我的经历会启发到你，希望你也可以事业家庭双丰收，让生活越来越幸福。

» 01 迷茫与焦虑：北漂初章，心之所向

在人生的长河中，每个人都会面临不同的转折点，而这些转折点往往伴随着新的开始和挑战。34岁这一年，我离开工作了8年的城市，踏上前往北京的旅程。这一年，我陷入了极度焦虑中——离开舒适圈的不安，面对未知的恐惧，脱离正轨的生活，我仿佛置身于茫茫林海中的一根小草；通勤时间由原来的20分钟变成了3个多小时，居住环境从阳光明亮的大房子变成了拥挤阴暗的“老破小”，高昂的日常消费、教育支出、近万元的房租以及充满无限内耗与琐碎

的家庭关系，压得我喘不过气来。虽然在别人眼里我已经在工作、家庭方面很美满，但当时的我很难感受到幸福，反而抱怨满腹。

在内心深处，我总觉得自己还有更多的可能性未曾探索，有更多的梦想未曾实现。这一年我报名参加了各种培训课程，从语言到职业技能，还涉猎了未曾涉猎过的领域。我渴望提升自己，以适应这个竞争激烈的环境，但我仿佛陷入了一个怪圈——劣质勤奋。这是我在李筱懿的《自在》一书中看到的。书中说：“这种状态除了给身边人带来‘很努力’的压力，非但没有把事情做好，最直观的结果却是：收效甚微和筋疲力尽。”看似很努力，却依然过着焦灼的日子，甚至头发掉得越来越多，身体越来越肥胖，家庭关系剑拔弩张，不知不觉中使我把人生最重要的时间耗费在不那么重要的眼前事上。

我每天都感觉迷茫与焦虑，穿梭在地铁之间，忙碌于各种会议，尽管工作稳定，但职业发展似乎进入了瓶颈期，晋升的机会遥不可及。刚入北京，尽管同事众多，却难以有熟悉的社交氛围，我甚至开始怀疑当初决定来北京发展是不是一个错误，自己是否能够在这座大城市中为孩子提供一个稳定的未来，是继续留在北京，还是回到那个虽然平凡却充满温暖的城市？

» 02 成长与蜕变：目标引领，自我超越

一次偶然的机会，我读到了《四千周》这本书，作者是奥利弗·伯克曼（Oliver Burkeman）。这本书主要探讨了时间、生活的意义，以及如何在现代社会中找到内心的平静。我猛然意识到，一个人一生只有四千周，我的人生已经快要走过一半。在这一半时间的5年中，我成为自律理念的终身践行者，曾瘦身16斤，完成了100天读33本书的挑战，坚持5年早起，坚持写晨间日记400余天，通过持续迭代时间管理，真正实现了职场妈妈独自育儿的目标。但是为什么在如此自律的情况下，仍然在个人成长上陷入迷茫和停滞？直到看到了Kris关于OKR的直播，我才知道，早睡早起、阅读、运动、晨间日记等，是绝大多数成功人士的标配，可以说每一个习惯都价值百万。但看似自律的我，没有把自律当作实现目标的工具，没有将自律聚焦在自己热爱的事情上，自律成了自己某种形式上的习惯。单纯为了培养习惯而培养习惯，事事盲目地平均发力，是自己拿不到结果的症结所在。

我开始探寻自己想要的生活，我想成为一名优秀的咨询师或教练；我想成为人格独立自由，能遵从自己的内心，不委曲求全的人；我想过简约且有品质的生活，有一个独栋小院；我想有好的身体和

优雅的体态；我想用后半生持续精进一两个爱好。

我记得，那天下午，我进入了自己的心流状态，内观自我，沉静深入，越来越清楚自己想要什么，不想要什么，从年度目标到关键结果，再拆解为月度计划、周计划，我的思路从来没有如此流畅过。随着我的年度OKR雏形初现，我仿佛从“忙、茫、盲”的怪圈中逃离出来，以观察者的身份，看着自己远处的目标。眼前通往目标的道路，慢慢地，从几十条变为十几条，又变成了几条，越来越清晰。

后来的日子里，我又根据年度OKR、月度OKR，对我的目标与关键结果进行拆解，落实在每周的计划上，进而每日进行调整。我每天持续向目标靠近，反思纠正偏离目标的行为，优化年度、月度目标，不断探寻自己的人生使命。我的工作因此越来越聚焦，通过知识付费，短时间内提升了 3 项工作所需的核心技能，打通了岗位调整带来的能力卡点。我的亲子关系越来越松弛，儿子的成绩逐步向好，我们有更多的时间走进自然，感受自然，并滋养着彼此。我甚至运用OKR处理了婚姻生活中的琐碎与争执。

在执行OKR的过程中，我感受到了内心与外界的平和、工作与家庭的平和，不断寻找到成长道路上的物理能量、精神能量、情感能量和激励能量，在成为自己的道路上越来越自由、洒脱、惬意。

每个人生存于社会，都有自己的使命。使命有三个维度：利己、利他、利社会。一开始，我只是将使命放在自身上，因为觉得自己没有什么能量为他人思考太多。随着持续践行OKR的阶段性目标达成，我竟然很顺利地找到了自己的人生使命：以自己自信、笃定的态度和行动力影响家庭、朋友，一起向着更好的自己、更好的生活、更好的世界努力。

» 03 利他与转型：利他之心，诗与远方

探索到人生使命后，我对成为一名优秀的咨询师有了更深层次的理解。以前，总是认为咨询是传统意义上的咨询，需要付费，需要方案。可从利他的角度看，咨询无处不在。观念转变后，我反而觉得生活处处需要咨询，用专业知识真心利他，自己的成长竟然是增量级的。

春天到了，北方的天气难得变得明媚起来，我在小区里带孩子跳绳，第一次见到了婷子，她看起来很疲惫，孩子在院子里跑来跑去，追逐打闹。孩子叫妈妈，她有气无力地回应着，偶尔刷一刷手机上的视频。我们几个妈妈交流着，她也无心参与。当我说起我每天都要工作，还要自己带孩子的时候，她突然参与了进来。婷子说："我不上班，每天都好累，在家里带孩子，觉得更疲惫，晚上孩子睡下后才觉得世界是自己的，刷手机又睡不着，熬夜，第二天又没精神。"我简单跟她说了下我每天如何管理时间，后来再见面时，她说自己参加了几次疗愈课程，体验很好，可是课程上完后，又恢复了

常态。回家后，我把自己的OKR表格发给她，问她愿不愿意坚持一下，通过填写表格，试着做出一些改变。

没想到她很认真，我们又在咖啡厅见了面，一起讨论制订了她的年度OKR计划，每当在执行上遇到问题，就一起想办法进行调整。真心利他的想法和OKR这个神奇的工具，让我在陌生的城市收获了第一份友谊。婷子通过一个月的实践，慢慢缓解了自己的焦虑，对儿子也更耐心了。一年后，她竟然完成了自己的目标，建立了自己的社群并赚到了钱。她不再疲惫，取而代之的是自信和满足。这次经历让我更加确信，咨询不仅是一种职业，更是一种生活态度和帮助他人的方式。

后来我了解到教练特别是成长教练能够帮助个人实现自我发展和提升个人效能，这不恰好与我的人生使命相符吗？我果断报了名，并开始学习，希望自己能够找到咨询师和成长教练的契合点，在助人的同时实现自己的转型升级。

每个人的生命旅程都是独一无二的，我们都在寻找自己的方向和意义。通过OKR，我不仅找到了自己的道路，还帮助他人找到了成长路径。这不仅是一次个人的逆袭，更是一次心灵的觉醒。

现在，我正致力于成为一名优秀的成长教练，将OKR的理念和实践带给更多的人。我相信，每个人都有潜力去实现自己的梦想，只要我们敢于面对挑战，勇于探索未知，我们就能在这条充满可能的道路上找到属于自己的光芒。

龙笑

小镇青年
年薪五万到五十万的迷茫与成长

龙笑

10 年沪漂程序员
一双儿女的父亲

生活其实是一个不断找自己、不断认识自己的过程，我们需要在生活的各种考验中，不断地找到自己喜欢的、自己擅长的自己。曾经觉得跨不过去的坎，多年以后再去看发现那只是一个很小的台阶；曾经看似无比艰难折磨的时刻，多年之后你再回首去看就会觉得那其实是一件很小的事情，也并没有那么折磨人，外面的世界没有别人，只有自己，事情本身并没有改变，但是对事情的看法不一样了，所以面对不确定的未来，我们可能会短暂的迷茫和不知所措，但只要我们依然坚定相信未来，不断学习、不断寻找突破的方法，我们终究能够找到那个更好的自己。生活不只有眼前的苟且，还有诗和远方，如果厌倦了一眼看到尽头的生活，那坚定走出自己向前的步伐，不断地学习突破，不断地让自己变得更高效，努力地让自己的时间更有价值，努力地探索寻找更多能够重复销售你的时间的机会和可能，你将实现突破，遇到那个更好的自己。

» 01 生活并不那么容易

我出生在云南昭通彝良县农村，因为成绩比较好，从小学到高中，在村上有点小名气。家里一直很穷，别人闲聊时一直是父母的欣慰，村里人都觉得我未来可期，要干大事：“这个成绩像是要上清华的样子，以后我们村的路就等着你来修啦。”随着毕业年限变长，才明白生活并不会轻松让你得到你想要的，村里大家的闲聊，从“你家孩子成绩好，辛苦一点也高兴”，慢慢也变成了“这年头上了重点大学又怎样？张三家儿子给爸妈修起了大房子，李四家把爸妈接到省城去生活了，那才叫有本事”。

很快高中毕业了，父母希望我当个老师或者医生，在他们的意识里稳定是第一位的。当时我虽然不知道我想做什么，但完全没有参考父母的建议我随意报了个专业，只要不是医生和老师都行。2013年毕业于中南大学的采矿工程专业，通过校招方式离开长沙回到了云南，加入云南黄金集团成了一个采矿技术员。

在矿山工作接近两年的时间是枯燥的，不喜欢矿山日复一日的生活，从老师傅和领导身上看到了自己未来五到十年后自己可能的样子，就动了离职的念头。但是离职却让我充满未知的恐惧和迷茫无助，后面才知道我们害怕未知，是因为我们天生害怕不确定的东西，我们希望一切都在自己的掌控之中。但是为了进步，我们必须忍受一定的未知，但当时不懂只有初生牛犊不怕虎的勇气。

到如今仍记忆犹新，离开家的当天老妈流泪说：“好好的工作不干了，要辞职去那么远的地方。”

2015年春节后，我来到了上海。无意接触到了UI设计师的岗位，想着和自己做的工程制图的工程设计有点相像，于是来到上海之后就报了个UI设计培训班，但是四个月学习结束后没有找UI设计的工作。UI培训过程中有两周左右的代码相关课程，凭借这两周代码学习，发现自己其实挺适合写代码的，找了相关的工作，如今作为一个程序员已经快10年时间，也算是误打误撞进入了一个自己还挺喜欢的行业。

» 02 逃不过的中年危机焦虑

2018年为了进阿里从平安离职，到了杭州，最终没面上阿里，辗转在一家公司待了两月觉得不适合，就选择在杭州开始创业。当时新零售很火，铺设了5台自动售货机，开了个卖鸭脖的实体门店，同时召集了几个开发的小伙伴做了个实体门店营销的产品（类似后面卷皮网孵化的小分店App），还写了商业计划书，西装革履地去参加了路演，也从20个项目中得到了意向投资。还和女朋友做女装电商，租了间房囤了一些货，这次尝试最终以疫情的到来结束。后来反思我的第一次折腾为什么失败，那就是太不聚焦，啥都想做，后面又经过好几年的成长，我终于明白一个简单的道理，当自己的能力撑不起自己的野心的时候，一定要专注地做一件事，至少一定时间内专心做好一件事，做好了之后再扩展到其他事，这样成事的概率才更大。

我们背负着大概六十万的债务回到了昆明。由于昆明互联网环境不是很好，常常加班到十点甚至十一二点也是常有的事，所以无暇顾及家庭，导致与爱人争吵不断，而且儿子出生后，情况更糟。

虽然在昆明拿着一万五不算低的工资，但每月有还不完的账单，常常整夜睡不着觉，整天想着如何能够挣到更多的钱。因为昆明公司谈好的生育险没给交，再一次离职开了个编程培训班，学员招生遇到很大问题，忙活一个月就有三个学员，其实对于刚开始也不算少，已经赶得上当时昆明的工资了，但是在那种缺钱的状态下创业不是一个明智的想法，真的很难放平心态去做，而且家人不太同意，负债已经消磨了老婆的信心，她只想稳定就业，于是再一次陷入迷茫和无助中，退还了收上来的学费。

经过好几次沟通我决定重回上海，于是2021年9月我再一次回到上海。一个离开了上海好几年再回来的人，对于上海是拥有一种复杂的情绪的，但对未知的笃定和信心却异常爆棚，充满动力，心中满是对成功的渴望。心想，这一次自己一定得拼出个样来。

来到上海慢慢稳定下来了，2022年底我们终于还清了所有负债，自己工作也有了一些提升，管理20人团队，轮值管理过100人左右的技术开发团队。

一切貌似都在变好，但是2023年女儿出生了，一家四口和谐美满，但是内心的压力慢慢升腾起来，一家四口加上一个老人帮忙照顾小孩，要在上海生活其实压力还是很大的，最近疫情两三年时不时就能看到朋友因为大环境不好被辞退，我倒是不太担心被辞退，反而是多年的打工生涯，始终没有改变想要做点事情的决心，一次次地反思和问自己，自己要什么，是要一份确定稳定的工作吗？迷茫中我选择了读书，希望能从书中找到答案。最近一两年看过的书远远超过过去30年看书的总和，才发现以前的十年自己过得多么混沌。我终于想明白我要的不是稳定的工作，我要的是自由，是财富和时间上的自由。第一次让我重新审视“书中自有黄金屋”，只是我一直也没有真正领悟其中的真谛。

从书中我慢慢学会了一个道理：每个人的成长都有自己的生命周期，有人悟得慢点，有人快点，有人二十多岁已经财务自由，有人五十岁才开始创业，不用刻意去仰慕别人。当我们看到别人拥有的一切的时候，也要看看自己是否拥有获得那一切的必要条件，不断学习，不断成长，永远都不会太晚。

我知道自己一定会再次创业，但我想系统学习管理和财务等知识，去年报考了上海交大安泰MBA，去年研究生考试很戏剧，国家线162分我考了161，很显然今年上交MBA的希望是破灭了，但是年初了解到港大–复旦的国际MBA项目可以接受除了研究生考试之外的雅思、GMAT等成绩作为笔试成绩，感觉自己又有机会了，能够早一年入学，想争取一下，国际MBA是中英文授课，对英语要求很高，想到自己从初中到大学9年英语学习终究没能逃过哑巴英语的结局，又一次怯懦了。

直到有一天四岁的儿子默默拿着点读笔在学习中文的时候，我内心受到一千次暴击，我在思考我们学习语言不就为了交流和沟通吗？我才意识到以前学习英文的方式可能是错误的，我又一次燃起了重新学习英语的信心。四岁的儿子给了我信心，我相信他慢慢能够表达自己想表达的一切，我也可以。

03 做一盏灯，点亮自己，照亮更多人

回想自己这三十多年虚度的光阴，十八线小城市农村出生，寒门子弟，通过读书进入社会有一个不上不下，外表光鲜，别人看来还可以的工作，想通过自己的不断努力，为自己争口气，为家人带去荣耀，争取为社会尽一点微薄之力，但是发现始终突破不了，和生活较劲的过程已经花掉了我们很多的力气，我们成了整个繁杂社会里一颗小小的螺丝钉，有过无助，有过呐喊，而有的人慢慢认命了，从一开始认为自己是那个天之骄子，到后面接受了我们只不过是“平凡人”的宿命，被社会打磨得足够圆滑，同时也接受了所谓命运的安排，不再折腾。选择怎样的生活是我们每个人的权利，但是这真的是你想要的生活吗？不要天真地以为你躺着，生活就会放过你，每个人都有自己的答案，我的答案是：这不是我要的生活！

后面随着输入内容越来越多，也想开始写作，沉淀点内容，但是一直迟迟没开始，总想着自己厉害了再写点东西。其实真实的逻辑是因为不断输出内容慢慢变厉害了，这才是正常的逻辑。后面我

读到一句话："先完成，再完美，不要害怕开始，即使现在还不完美。"我下定决心今后的人生我要沉淀点内容，向他人分享经验、认知和成长。

写作能够让更多读书的人得到力量，而我也慢慢找到了自己未来的方向。我希望未来的五到十年我可以拥有如何使用时间的权利，而不用为了生活出卖自己的时间，也坚定了我要让自己成为一个内容从业者，制造内容，传递有价值的内容，帮助更多人成长，让更多迷茫、痛苦挣扎的人能够看到一束光。

我暂时还不是大师，没有太多的标签和头衔，只是一个起于尘埃，长于繁世，是奋进挣扎的芸芸大众中一个缩影。也因为这样，我离大家更近，我经历过很多人的痛苦挣扎的阶段，我将会毫无保留地将自己会的、自己悟的通过文字或者视频分享，和无数人一起探索过上富足人生，一起精进成长。

或许你也曾心怀梦想，或许你正在或者经历过无助、迷茫、痛苦挣扎，默默寻道却始终寻而不得，请和我链接，我们聚集在一起，共同活成一盏盏灯，一束束光，点亮自己，照亮更多人前行的路。

巩牧狄

高效成长：逆境中行动与复盘的思维艺术

巩牧狄

8 年医疗管理

国际注册心理咨询师

心易斋国学讲堂主讲人

临床医学、应用心理学双学位

在人生的长河中，每个人都是一叶扁舟，或随波逐流，或逆流而上。

我，一个曾经背井离乡、孤独求索的旅人，在生活的风雨中颠簸前行，最终在这片异乡的土地上找到了属于自己的港湾。

在这个过程中，行动与复盘如同一对孪生引擎，共同推动着我穿越挑战、攀登高峰，实现个人的深度成长。

从挫折到突破，从行动到复盘的循环过程，让我深深理解了这两者对于个人成长的重要性。

在这篇文章中，我将分享我的故事，这是一段揭示行动与复盘如何在我身上交织起舞，引领我不断成长的故事，也是一段关于坚韧、自我救赎与梦想成真的故事。

» 01 缘起：初来乍到的挫折

这个故事得从2012年说起，我大学学的是临床医学，毕业后在一家医院上班。

大家都知道，医生是一个需要慢慢熬资历的行业，刚上班的小医生，是谈不上什么好的待遇的。

当时为了省钱，就在一个很偏僻的城中村租了一间房子，环境自然就不用说了，当时经常值夜班，就想着有个能睡觉的地方就行。

但是住了一段时间，因为作息问题，房东觉得影响他休息，就提前解约，把我赶了出来。

那天正好下着雪，我刚下夜班，又冷又累，却不得不拖着行李箱在寒风中寻找新的落脚点。天地苍茫，举目无亲，那一刻，我惶惶如丧家之犬。

也是从那一刻开始，我告诉自己，一定要在济南这座城市站稳脚跟。

后来很长一段时间，我都利用下班时间去做兼职，但兼职的收入实在太少，也不是长久之计。

因为当时济南的夜市比较火，又正好赶上圣诞节，我和女友一商量，觉得如果在平安夜去夜市卖苹果，一定可以赚一笔！

大家看到这里，如果按照小说的剧情，我应该就要逆袭了——通过摆摊我挣到了第一桶金，然后一路逆袭，走向人生巅峰！

可惜，生活不是演戏，也没有剧本，这一波不是逆袭打脸的高潮，而是又一次失败。

当时我和女友一人拉着一大箱苹果，分别去了不同的夜市摆摊。

我们满怀激动，本以为可以大干一场，结果现实给我们当头一棒，两大箱苹果，最终只卖了3个。

到现在我都记得和女友碰面时，她局促地站在哪里，竭力地向着来往的人群推销。

我走上前，她看到我之后，眼睛瞬间就红了，说的第一句话就是："对不起，我只卖了一个。"

看着她不安和失落的眼神，我内心一揪，各种情绪涌上心头，鼻子发酸。

她是家中独女，娇生惯养，从没吃过这种苦。

我不知道该怎么形容当时的心情，有种想哭的冲动，但我死死地压抑着……

当然，今天要讲的不是我的爱情故事，那是另外一个故事了，如果有机会下次可以讲给大家听。

不过可以稍微剧透一下，我们在2015年结婚了，现在有两个可爱的孩子，一儿一女，乖巧懂事，幸福安康。

我们言归正传，那晚回去之后，我失眠了，迷茫、无助、沮丧，各种负面情绪充斥内心，我不知道未来的路在哪里。

如果按部就班，一切顺利，我可能也得十年后才能在医学上有所成就，但当时的我根本等不了那么久。

那一晚，我在笔记本上反复地写着一句话："你生而有翼，为何甘愿匍匐前进，形如蝼蚁？"我想了一夜，最终决定从公立医院辞职，去民营医院，只因民营医院当时的待遇更好一些。

从此，命运的轨迹便驶向了另外一个方向……

» 02 行动：点燃梦想的火种

想到就做，这是我的原则。后面我顺利进入一家民营医院上班，在此期间，机缘巧合之下，我走上了医疗管理之路。管理并非天生之才，而是需要通过持续不断的行动去磨砺、去塑造。

我之前从未做过管理，深知前方等待我的将是无尽的挑战。

然而，我坚信，只有通过行动，才能让梦想照进现实。

第一步，是设定明确的目标。我希望能带出一支优秀的团队，成为行业内的优秀领导者。

目标明确后，我制定了详尽的工作计划，包括每天写工作日志，疯狂恶补各种管理知识。

同时深入研究所在领域的前沿趋势、管理理论与最佳实践。此外，我也注重将理论知识与实践经验相结合，通过解决实际问题、创新管理模式，进一步巩固自己在行业中的专业地位。

接下来，便是持之以恒的执行。

我每天上班，第一件事就是梳理今天的工作内容，把需要处理的工作都一一列出，完成一项，筛除一项。

我深知，优秀的管理者不仅要具备专业素养，更要展现出卓越的领导力。遇到困难，要勇于担当，果断决策，不揽功，不诿过。唯有以身作则，走在大家前面，才能服众。我倡导开放沟通与协作文化，鼓励团队成员表达观点、共享智慧，通过实际行动塑造了一个包容、进取、富有责任感的领导形象。

在那些看似平淡无奇的日子里，我疯狂吸收的各种知识，如同一砖一瓦，构筑起我梦想的城堡。

然而，行动并非一帆风顺。在管理过程中，我遭遇过各种问题，有过自我怀疑，甚至外界质疑。

面对这些挑战，我选择直面而非逃避，因为我知道，每一次挫折都是成长的催化剂。

我通过向别人请教、交流、观察总结等方式学习管理技巧，通过自我对话、心理调适来克服内心的恐惧与不安。

行动，让我学会了在困难面前坚韧不拔，使我明白了真正的成功往往孕育于逆境之中。

» 03 复盘：照亮前行的明灯

如果说行动是推动成长的车轮，那么复盘则是指引方向的明灯。

在我成为一名优秀管理者的过程中，复盘起到了至关重要的作用。

我会定期进行自我反思，审视自己在专业知识、领导风格、公众形象等方面的表现，找出差距与不足。同时，我还积极寻求外部反馈，无论是团队成员，还是合作伙伴，都能为我提供宝贵的视角。

正是这种开放的心态让我得以跳出自我认知的局限，从他人的视角中发现自身未曾察觉的问题，从而实现更深层次的改进，帮助我更全面、客观地认识自己。

复盘不仅仅是发现问题，更是解决问题、提升能力、拓展边界的过程。

我将复盘中发现的知识盲点、技能短板作为自我提升的方向，通过阅读专业书籍、参加培训课程、请教行业专家等方式进行系统学习。

努力不会白费，我也连续两年获得“优秀管理”“优秀团队”等荣誉，而团队也蓬勃发展，稳中向好。

» 04 行动与复盘：双轮驱动的成长之旅

就当我以为一切都走上正轨，越来越好之时，一场突如其来的疫情席卷而来，各行各业都遭到重创。放眼望去，哀鸿一片。当然，我也没能例外，只能想办法自救。

通过复盘梳理过往经历和自身优势，我发现心理咨询师是个很好的职业，尤其可以线上咨询，所以在那段时间，我开始学习心理知识，自考了应用心理学专业，并拿到了相关证书。

在心理咨询的世界里，我见证了数百个生命的起伏与蜕变，而在帮助他人成长的同时，我也在自我探索的道路上留下了一串串深深的足印。

也是在这段时间里，我创建了《心易斋国学讲堂》，结合自身经历，定期给大家分享一些管理、心理、识人等方面的技巧和知识，前前后后也收获了近千名粉丝。虽然数量不多，但对我来说意义重大——他们让我顺利度过了那段艰难时期。

更重要的是这段经历让我更深刻地认识到了一个道理——万物抱阴而负阳，光明中存在黑暗，黑暗中也一定存在光明，危险和机遇往往如影随形。

三军可以夺帅，匹夫不可夺志。只要我们内心足够强悍，就一定能发现机会，甚至经济越不好，行业越混乱，就越会出现资源的转移，人际关系的松动并且露出缝隙，有些新机会也会释放出来。

所谓混乱是阶梯，风浪越大，鱼越贵！

疫情结束之后，我又回到了熟悉的管理岗位，而有了之前做心理咨询的经历，让我在管理中能更好地共情和沟通，也使我在管理时更加的轻松和流畅。

人生没有白走的路，只要我们用心体悟，每一段经历都是最好的安排。

从2012年到2024年，3年临床，1年心理咨询，8年医疗管理，回顾这12年的点点滴滴，我深感行动与复盘如同车之双轮，鸟之两翼，缺一不可。

行动让我勇敢地跨出舒适区，迎接挑战，积累实战经验；复盘则让我从经验中汲取智慧，校准方向，提升能力。

二者相辅相成，共同推动我在这条充满未知与挑战的成长道路上稳步前行。

于我而言，行动与复盘不仅是提升个人技能、实现职业成功的工具，也是一种高效成长的思维方式，更是塑造人格、丰富人生的重要途径。它们教会我勇敢、坚韧、谦逊、反思，让我在追求梦想的道路上始终保持清醒与专注，使我在面对生活的起起落落时，始终保有成长的动力与信心。

» 05 结语

行动与复盘，构成了我成长旅程的主旋律。

它们让我明白，成长并非一蹴而就，而是需要我们在行动中锤炼，在复盘中升华。

生命的长度无法把握，但我们可以拓宽生命的宽度。

行动与复盘，可以让我们在单位时间内，保证自己的效率最大化，让我们的时间更有价值。

无论你是一名医生，一名管理者，抑或是一名普通职场人士，只要你愿意以行动为舟，以复盘为舵，你就能在生活的海洋中破浪前行，抵达理想的彼岸。

行动让我们靠近梦想，复盘让我们超越梦想。两者并驾齐驱，能使我们开启一段充满力量与智慧的成长之旅。

前30年已经过去，后30年值得期待。

今天的故事已经分享完了，但属于我们的故事，还在继续……

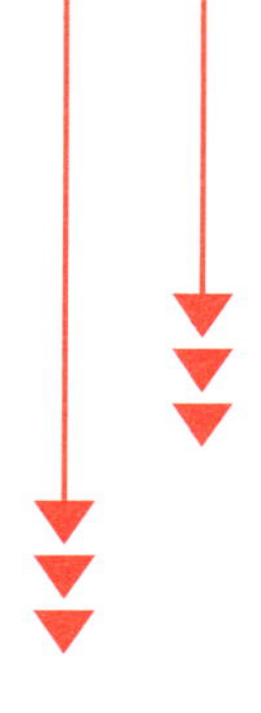

每个人都需要
复盘自己的人生

李乔伊

90 后
7 年货代经历（处理国际出口货物近万单）
5 年社媒经历（文案 / 文章撰写，累计超 30 万字）

我摊牌了。

原来我并不了解自己，甚至从未真正尊重过自己的力量。

直到我做到了以前从未想象过的事情，认真复盘过去的得失与荣辱后，我才发现“我是谁”这个古老而神秘的命题，是真正通往彼岸的钥匙。

不信？我说，你慢慢听。

» 01 天赋异禀 or 天道酬勤

整个义务教育阶段，我偏科都非常严重。数学是最让我放心的，我甚至自以为是地认为，有些东西是天生的，如果前几次学不会，那么这辈子就很难学会了。我承认，那是一个胆小懂事的女孩儿自信心的最初来源。

而在语文和英语方面，就完全相反了，尤其是英语。语文对我来说最大的难点还只在于“晕字”，考试方面还算过得去。而英语简直是我的天敌。小学英语并不难，但当大部分同学都能考到85分以上时，我却只能在77分左右徘徊。为了提高我的英语成绩，爸爸给我报了《剑桥英语》课外班，这是他认为对我来说难度最低的课程。但上了两节课之后，我就哭着闹着要退课。为此，老爸人生中第一次（也是唯一一次）打了我，他夺门而入挥舞皮带的样子，我至今记忆犹新。虽然最后妥协的是我，但对这门课的厌烦只增不减。

到了五年级，情况出现了转机。因为两校合并和老师休产假的缘故，我们换了一位新的英语老师，她的教学风格好比军事化管理，还自创了独特的学习方法。在她极为严格的监督和训练下，我竟然也能考到95分以上了！

而且一年之后，我们班居然在一次闸北区统考中得了第一名！要知道在接手之初，我们的平均成绩在校内还是倒数。

老师也因此休了两天假，专程去领取了属于她的荣誉。返校以后，老师奖励全班吃糖和奶酪。那时候，对英语毫无信心的我，很高兴自己没有给集体拖后腿。那也是我第一次感受到“天道酬勤”的力量。

后来，或许是想更多地让我明白态度和汗水的意义，爸爸一改之前的不打击式教育，给崇尚天赋论的我“泼了一次冷水”。他说：“你不要信别人说的你很聪明，只是不用功。你没有那么聪明。而且，女孩子的理科能力在升到高年级之后，会后劲不足。你必须勤勤恳恳，脚踏实地。”

虽然当时的我尚不能把这些话完全吸收，但还是记住了。遗憾的是，这些话没有如父亲所愿成为激励我的动力，反而变成笼罩在我内心的阴影，让我感到怀疑和恐惧。

我总在想：已经失去对文科的兴趣和天赋了，倘若有一天再失去理科的优势，我该何去何从？

如今再来复盘，这些担忧完全是毫无用处的内耗！只可惜自己没能早点参悟。

如果能早点听到关于曾国藩的一则小故事，或许能对我有所帮助：

晚清第一名臣曾国藩，小时候是个不太聪明的孩子，甚至连潜伏在家里的贼都嘲笑他笨。因为，他花了一整个晚上也没能背下一篇文章，而没读过书的小偷只是在房梁上听他背书，天亮前都已经学会了。即便如此，曾国藩还是不抱怨、不放弃，凭借“结硬寨，打呆仗”的韧性，一点一点修成了自己“千古第一完人”的称号。

天赋决定上限，勤奋决定下限。那么，天赋与勤奋孰轻孰重？

» 02 合群入众 or 我行我素

一次小学数学考试，试卷上多了一道附加题，有同学询问老师这一组题需不需要答，老师说自行决定，附加题不是必答题。

那次的试卷并不难，我很快就做完了，无聊之际就把那组附加题也答完了。结果全年级有两人得到100+20分，全班3人百分。因为题目不难，我没有太多的成就感，但也不认为自己做了什么错事。

后来有同学说：“就你会做题？老师都说了附加题不是一定要做的。”

“就是，120分呢，多了不起啊！”

好朋友为我打抱不平：“有本事你也做啊！”

这些话是谁说的，我现在已经记不清了，但那是我对“口舌利剑”的初体验。

后来又有一次，还是数学考试，试卷出得较难，很多同学的分数不理想，不敢把试卷拿回家给父母签字，甚至哭着排队去办公室向老师求情。老师见状做出了让步，允许学生可以写一篇自我总结，来免去试卷上的家长签名。我虽然也没有拿到满意的分数，但还是在90分以上，加上知道父母的宽容和自己“晕字”的特点，所以，我选择把试卷带回家给父母签字，把多写字的任务交给他们。我原以为这只是一次选择性偷懒，结果又引来了一次口舌之争。

“你以为自己考得很好了吗？你也没有拿到满分啊。”

我虽不在意这些言语，也始终认为人不应该因为惧怕他人的眼光而动摇自我，但看到好朋友们奋笔疾书的样子，我也感受到了“不一样”带来的那种奇怪的感觉。

如今想来，也是深有体会。做一个“中间人”有什么好处？或许是享受在人群中的安全感。但是，只要你想拥有多数人没有的东西，就必须学会面对和处理误解和冲突。而变得足够强，是在这个弱肉强食的世界里不变的真理。

» 03 不一样，又怎样

小时候，我有一种莫名的优越感，因为我有一个射手座的妈妈。她的爱和自信总是直接又炙热，从没让我感受过一丝匮乏。

记得一次语文课，班主任要求大家每人带一本汉语字典，版本不限。我忘了告诉爸妈，所以没有准备。后来妈妈知道了，她带着当时市面上最新版的一本《现代汉语词典》，赶在上语文课之前出现在学校。老师领着我去拿词典的一刻，天空似乎瞬间晴朗。用着崭新的词典，我想我在那节语文课上，是全世界最爱汉字的小学生。

妈妈说，攀比之心不可有，但更不能有的是低人一等的想法。所以，只要是别的孩子有的，她一定会让我拥有，即使有时我并不十分在意。

不只是我，身边的同学多少也都有一种优越感。虽然地处南京近郊，但我们所在的生活区在早些年被称作“小上海”，当地居民有相当的比例是上海户籍的移民，是20世纪中期为了支援国家建设或得到央企编制名额而汇聚于此的。

不仅可以享受“沪”字头的相关待遇，这里还有很多周围没有的基础建设：自己的游乐场、自己的学校、自己的医院……还有每年夏天吃不完的冷饮。

学校读的是上海教材，学生考籍也隶属上海。企业、学校、医院……连冷饮供应站也是用“上海×××”命名。用我们地理老师的话说：打个比喻，这儿就像夏威夷之于美利坚，属于上海的“飞地”。

小时候，大家穿同样的校服，读同样的课本，人与人之间没有差别。直到中考前，老师开始统计大家的户籍以及是否为少数民族。

当好朋友得知我们的户籍所在地不同之后，随口说了一句：“哟，上海人了不起？”

虽然我知道朋友没有恶意，我们之间的关系也未受影响，但当时的气氛真是尴尬极了。

像温室里的花朵，我们在最弱小的年纪被保护在一个最简单的环境里成长。岁月如此静好，直到长大的孩子们开始各奔东西。

对陌生感的不适应，消失的优越感，以及对未来的迷茫，都在冲击着刚刚成年的我们。

走在淮海路上，听妈妈说着外公十来岁的时候，在附近某处他舅舅开的理发店里生活和学艺的故事，听她说着自己在这座城市里出生的故事。还有外公的弟弟妹妹们在八十多岁依然未改的乡音，六七十年的时间都没能被完全沪化……

而我，只觉得一切既熟悉又陌生。

我预感一场属于自己的冒险才刚刚开始。我和身边的人好像是一样的，又好像不太一样。多年后，在这种相似的纠结感被身边人印证了之后，我才如梦初醒。

我的一位同学放弃体面稳定的国行工作，离开至亲、妻子和即将出生的孩子，跳槽去南京。我们为他的高升感到高兴的同时，多少也有些许不理解。

后来，得知他跳槽的真实原因是复合性的：除了主动权衡利弊，还有个人情感因素。

他提到，有一次，同事问他：你的身份证为什么不是310而是320开头？他说自己只能笑笑搪塞过去。同学后来也平静地说：其实他们什么都知道，就是故意问你。

那一刻，他多年来挂在嘴边的“归属感”一下子变得具象化了。而讽刺的是，这些“牢骚”从前一直被归纳为“矫情”。现在，“矫情”的我似乎也宿命般地领悟到了其中的精髓。

记得电影《绿皮书》里黑人钢琴家的泣血一问吗？“如果我不够黑，也不够白，那你告诉我，我是谁？”

现在，哪吒答：“我命由我不由天。是魔是仙，我自己说了才算！”

» 04 变 or 不变？

从入学到完成本科教育，所有字多的项目我全都不喜欢，也从没想过会从事任何和文字有关的工作。对这件事，我就像古人相信天圆地方一样深信不疑。

但或许是命运的安排，因为自己对网球的热爱，我在2018年成了一名网球小编。

很可笑吧？既不是体育科班出身，也不是文科生，甚至还“晕字”的我居然要在一个全新的领域以字谋生了。

全职加上freelancer（自由职业者）的经历，这条路不长不短已经走了五年。我也不知道“三分钟热度”的自己，是怎么把这件曾令我恐惧的事坚持五年之久的。

但蓦然回首，我才发现自己也留下了不少感动过他人的文字。

感谢那些年一起战斗过的伙伴们，是你们的认可让我看到了自己身上的光，也治好了我“晕字”的毛病。

如今，当年的恐惧早已经消失不见。而用文字作为载体，去表达自己的情感和逻辑，对我来说已是再平常不过的事。

回首往昔，7年货代从业经历，5年小编生涯，我在三个不同的行业摸爬滚打过，每一次都看似毫无关联，但都是在已成型的血肉中继续长出新的骨骼。

我要深深地感谢那些曾帮助过我的人，以及让我看到过光的人，即使已经不再联络，你们带给我的改变、成长与思考，早已成为我身体发肤的一部分。I will miss you.（我会想念你们。）

我是谁？

你是谁？

乾坤未定，

准备好书写自己的答案了吗？

大眼睛国王

人生没有白走的路，
每一步都算数

大眼睛国王

眼科医生 / 自媒体人
80 后职场宝妈
“一行”108 自律行动营优秀学员
“一行”写作变现基础班优秀学员
“一行”认证教练
乐活创富圈友

一个普通的医学本科毕业生，如何生存竞争，进入行业头部医疗机构?

网上张雪峰老师曾经指导一位学生高考填报志愿，说医学适合家庭条件还可以的孩子填报，因为学习周期长，想进大三甲医院需要博士学历，想进医院至少硕士学历，本科毕业生进医院很难，而且进医院熬到主治医师以上才能获得稳定的经济收入。有网友评论说，想进大城市大三甲医院，有高学历的同时还得有人脉关系，否则进不去。

» 01 靠近优秀的人，才能成为优秀的人

我来自湖北的小城市，父母是工薪阶层，一位普通得不能再普通的80后，本科毕业于华中地区一所985大学，学的临床医学，毕业后在小城市一家小医院当小医生，3年来活多事杂收入低，最要命的是医疗技术没有长进。2007年获得医师资格证后，为了自己更好的职业发展，在网上求职寻找招聘眼科医生的北京医院，因为全国最好的眼科是（北）北京同仁医院，（南）上海眼耳鼻喉科医院。

2008年机会来了，一家北京私人医院招聘眼科医生，医院里专

家90%是北京同仁医院的眼科主任、教授，剩下的是北京协和医院等大三甲医院的眼科主任、教授。想自己优秀，就得靠近优秀的人，进圈子向他们学习。我顺利通过面试，毅然辞职原来的医院，踏上北上的火车，来到北京开启我眼科医生的职业生涯。

我来北京的头三年，白天上班诊治病人，下班后在宿舍看眼科专业书学习，复盘白天学到的临床经验知识。白天门诊的诊室里两张桌子，我和眼科主任专家面对面坐着，她看专家号，我看普通号，有机会学习到很多知识技能，遇到不常见病例、疑难病例，主任教授们会很热心地叫我们年轻医生一起来看，学习怎么鉴别诊断，怎么治疗，好多经验的东西是书本上没有的。

我比较好学，有一段时间，一位眼科主任固定时间在同仁医院出专家门诊，带我去同仁医院跟诊学习，我如饥似渴地吃着“专业大餐”，打下了眼科诊疗的坚实基础。

当然，我也热爱生活，周末休息时在北京城里到处逛，特别喜欢南锣鼓巷、后海、798。如果遇到周末眼科学术会议，我也积极地参加，学习前沿医疗技术。

好学能解决掉自身很多问题，向厉害的前辈学，可能这位前辈会成为你的贵人，带我去北京同仁医院跟诊学习的主任、介绍我到武汉好医院工作的人力资源部主任，都是我的贵人。向优秀的同事学，提高自己的工作和成长效率，印象特别深的一位同事，现在已经在另一家医院担任院长了。

» 02 我的人生我做主，活出无限可能

来北京的第4年，我已经30+岁，家里父母着急我谈恋爱结婚的人生大事，问我能不能回老家工作成家过日子？我一百个不愿意。

从内心来说，我既然从小城市出来了就不想回去，工作上学习劲头正旺，况且我在北京和主任们、同事们、朋友们关系相处不错，大家都对我很好。来北京工作，不仅专业技能有极大提升，还存了一笔小积蓄。

虽然单身，当时的我一点都不感觉孤单，但一个年龄30+的女生，在外人眼里却妥妥的是个剩女，不得不面对嫁人的压力，而且也确实要考虑诸多现实问题(女生年龄越来越大，合适的对象选择越来越窄；无房无车在北京漂着，父母年纪越来越老……)。

是选择回老家成家立业还是继续北漂？正纠结着，没多久发生的一个意外，直接让我下决定。

某个早晨，固定每周的全院医生晨会结束后，我去住院部查房，下楼梯不小心摔了一跤，脚骨折了，当时站不起来，院领导安排同事开车送我去急诊拍片子，看伤情，拿输液药回自己医院住院部，住进了VIP病房。

第二天早上，可爱的医生同事们敲开我的病房门，一本正经地

说："给这位患者查房了，来，看看她的CT片子。"一群眼科医生们来查脚骨折患者的房，场面让我忍俊不禁。我知道他们是想安抚下我的情绪，让我别因意外骨折难过。

骨折一时半会好不了，这个情形我需要家人照顾。于是我给我妈打电话说了情况，能听得出我妈当时的心急如焚。我妈火急火燎地收拾好行李，踏上火车来到北京照顾我。

我心里难过的不是自己的骨折，而是作为30多岁的人还让老母亲千里迢迢从老家来北京照顾我。一位好朋友对我说："以后你工作定居离父母近点，有什么事方便相互照应，这样好些。"这个事情让我心里已经有回湖北武汉的打算了。

最后我妈带我回老家养伤，骨折养伤的这段时间我也没闲着，看书备考中级职称，顺利拿到医师中级证书。同时和当时也在北京工作的初中校友处对象，校友现在成了孩子他爸。

» 03 用心走好每一步，过上想要的生活

我和先生结婚生孩子后决定回武汉工作，在武汉买房安家，这样离老家父母近点。

从北京辞职到武汉，进入一家眼科不错的医院，是由原单位人力资源部主任介绍我到武汉这家医院，面试也顺利通过。

到武汉工作开头的第一年也是我孩子刚出生的第一年，哺乳期的我面对自己身体心理的变化，加上我先生不在我身边，他工作暂时没在武汉，我又面临新同事新环境，加不完的班，写不完的病历，筛不完的查，每天忙忙碌碌，除了工作的交谈，我不怎么说话，没有任何发声，整个人状态活得像个机器。

经济上试用期只有基本工资和固定几百的奖金，生活上我能量超级低，现在回想起来，不知道当年的我是不是产后抑郁。

我妈给了我非常大而重要的支持，就是从老家来武汉帮我带孩子。看着我妈在我背后默默的支持，我也努力工作，适应新环境。1年以后我进入自己喜欢的门诊工作岗位，周末也会抽一天时间，带着孩子和我妈在武汉景区游玩。爱工作也爱生活，以前的我真正回来了。

我整个人的状态，渐渐恢复回当初在北京奋斗的我，边工作边学习新的医学知识技能，不断更新自己，让自己成长，多次获得医院年度优秀员工、先进个人，也涨了薪水。

父母家人无私的爱和背后默默的支持，滋养着我的内心，使我孕育出强大的力量来自我治愈。特别感恩我的母亲，她的内心坚强稳定，让我平稳度过那段黑暗时光。

»04 自律行动让我重新接纳自己、爱自己

转眼到了2023年，发生了两件极其重要的事对我打击很大——一个是在职研究生毕业失败，5年的备战苦读、熬夜写论文全部功亏一篑，因为论文无法在规定时间内发表见刊，只拿到一张各科分数不错的成绩单，时间精力和钱全部白费；另一个就是晋升高级职称失败，因为我岗位的原因，无法满足高级职称的要求。我该怎么办？

我不停地问自己："我这辈子就这样了吗？永远都是主治医师吗？"一眼就能看到头的职业生涯，心里除了绝望就是空荡荡。

一个偶然的机会，我加入K叔108自律行动营，对于遭遇两重打击，能量巨低的我，简直是救命稻草。

在108自律行动营，我读了第一本书《巴拉巴西成功定律》，不是鸡汤成功学，本质是科学，燃起我一丝新希望。

"成功第一定律：能力表现驱动成功，但当能力表现不能被测量时，社会网络驱动成功。"

"成功第五定律：成功可以发生在任何时间和年龄，只要你在一个好想法上坚持不懈。"

"年轻科学家更频繁取得突破性进展的原因并非年轻时更有创造力，而是因为一直在不断努力，从不因失败或者不受重视而气馁。"

这些文字让我恍然大悟，对呀，即使我已经满脸皱纹，只要像年轻人一直不断努力，从不因失败或挫折而气馁，我就拥有和年轻人同样的成功概率。

我复盘了接下来自己能做的、能改变的，以及不能改变的人和事，清晰分类后，果断放弃不能改变的，集中时间和精力聚焦一个阶段性目标去努力。

接下来3个月内，我完成25个科普眼科视频并发表在微信视频号、抖音，获得1万5000次左右的播放量。因此，在2023年年底获得医院年度“科普先进个人”。

我开始养成读书写作习惯，制订3个月目标及行动计划，倒推每月计划、每周计划、每天计划，每天写日思、日省、日行、日复盘，当我踏踏实实去做每天的事时，自然避免了精神内耗，也拿到了阶段性成果。

工作上虽然已无继续晋升高级职称的通道，但不妨碍我一颗精进自己的心，按高级职称的要求来精进自己。因为我知道，人生中，你不需要证明给任何人看，你只要能证明给你自己看，爱上你自己就足够了。

当我经历这样的、那样的一个又一个挫折，越过山丘，一路向前走来，回头看，轻舟已过万重山；向前看，前路漫漫亦灿灿。

现在的我想通过互联网链接更多同频的人，一起关注眼健康，提供眼科咨询、眼科就医指导，让他人获得清晰的视界；关注个人成长，建立个人品牌。

南则北

行动即红利：从大山到北京创业

南则北

大山出来的“90 后”

企企宣创始人

10 年资深运营人，目前主攻小红书营销和 AI 应用

6 年小红书操盘经验，小红书电商学习中心合作讲师

小红书种草营销师，服务客户超 130 家，指导学员超 3000 人

30岁，对于这个数字，我其实是抗拒的，因为在农村，30岁已经到了“成家立业”“儿女成群”的年纪。我快30岁了，除了经营两家公司和挣钱的心思，其他的都还没有。

我出生在云南一个很落后的山区，用一句话形容就是“山的那边还是山，连绵不尽的山”。小时候如果我想去城里，走路加坐车要花6小时。我在北京跟朋友聚会，很多人听我说完我来自哪里后，都会感叹一句：“你真幸运！”

其实我并不幸运，我只是比大家更早懂得“如果想翻越大山，就必须努力”。我的30年里，10年在山野里不知繁华为何物，10年在大山与小城之间来回，10年走出大山踏进北上广深。在别人已经拿到结果的年纪，我才开始攀登创业这座大山。

所以，我想对看到这里的你说：“我可以，你更可以！”

» 01 15岁，我靠自己逆天改命

我有个前同事，之前一直抱怨工资低，嚷嚷着要跳槽。但3年过去了，他还没有离职。我后来才发现，好多人都是这样，总说要改变，想要减肥、做副业、做小红书……然而这些“想要”，最终都未

能转化为行动。

其实，行动就是最大的红利。行动最坏的结果就是没有达到预期，但在行动的过程中，往往会收获意外惊喜。

回顾起来，我能走到现在也是行动的结果。

2010年我面临了一个人生的超大转折。有多大？可以说没有当时就没有现在的我。我从小在大山里长大，自诩比同龄人聪明一些，不管是平时玩乐还是其他方面从来没有落后于人，也许是年少的这点自满，导致那年我的初升高成绩并不理想，差一点读了职业学校。但当我踏进学校大门后就后悔了，看着大家无所事事，男生讨论着之后家里要他进哪个厂，女生则说她家亲戚谁又要嫁人，我当时就问自己："你这一辈子，就打算这样吗？"

答案是："不！"

我当晚就自作主张收拾了东西，并主动联系我妈，说我要回去复读。回去后，我开始认真学习，最后考上了市里的重点高中。

2013年如果有人跟我说阅读和写作会改变我往后的人生轨迹，我觉得他一定在信口开河。那时候的我，纯粹是因为自己来自农村，觉得自己见识不够，才疯狂阅读的。看得多了，就忍不住想写点什么。没想到，这一写居然写出了新的可能性。写作，让我在大学期间挣到了稿费。毕业后，我顺利跨行做新媒体、做营销、做记者，最后还出来创业。

2021年如果有人跟我说我们将为超过300家品牌和企业提供服

务，甚至还会去广州组建新的团队，我觉得他肯定在说梦话。那段时间，我经常彻夜难眠，开始怀疑自己创业的决定。

我记得非常清楚，2021年8月9日，我开始正式创业。为了节省成本，我和团队经常分隔两地，我自己也从北京的市中心搬到了北京的郊区，住到朋友租的大院子里，度过了近半年夜不能寐、日日焦灼的日子。

因为刚起步，资源没到位，客户寥寥无几，资金紧张，我只能事事自己上手。一切从零开始，难度真的超乎想象。

记得最深的是，就在我创业3个多月的某个深夜里，当我打完第二天要发的内容的最后一个字时，一抬头发现周遭都黑了，只有从屏幕和键盘上发出来的光。我盯着电脑屏幕看了许久，心里不禁一遍一遍地问自己："创业，真的值得吗？"那三个月收入骤减不说，一次次打击，使我的情绪也很低落。但好在我从来没有想过放弃。

现在再回头看，几乎每一次行动的结果都和预想的不一样，很多都超出了我的预期。

如要你也想做出改变，但还在犹豫不决，那我真的想告诉你："请勇敢地迈出去，别怕失败，大不了从头再来。"只有行动，才能带来结果。不行动，就永远没有可能。

» 02 24岁，从随遇而安到拼命赚钱

要努力赚钱，因为钱可以解决一个人90%的问题。

我清楚地记得那天是2019年7月24日，工作日一般不打电话的妹妹突然联系我，带着哭腔说："哥，你可能要回来一趟。妈住院一个多月了，之前为了不影响你工作，一直没说，这次要做个大手术，需要几十万的手术费。"我当时放下电话，人都是蒙的。

那年我才24岁，积蓄不过10余万，这点钱远远不够。

那段时间我一边看着饱受病痛折磨的母亲，一边看着钱如流水般打进医院的账户，心如油煎。为了省100块钱，我买了个军绿色的折叠床，饿了就去外面吃最便宜的盒饭，渴了就接医院的水喝，晚上就睡在医院走廊里。

当时我就想，我以后一定要挣很多很多钱。

回到北京后，我就开始研究怎么赚钱。我尝试过在奥森北园卖折叠帽，拿货5元一顶，卖10元。虽然卖出即赚，但效果不好，一天我才卖出去3顶，也就是赚了15块钱。要知道，那时我一天的工资是600多块。这次尝试让我意识到，赚钱，必须找到适合自己的方式。

我静下心捋了一遍，发现自己最擅长的还是运营。我靠在学校里写作的经验，当时已是一家公司的新媒体负责人了，工作就是牵

头做抖音、小红书、公众号等新媒体平台，而且不多时都拿到了结果。

不过我还是没有孤注一掷的勇气，刚开始只能一边工作，一边兼职。我也是在那时发现，北京的天是从4点多开始亮的，凌晨四五点的晨曦真的很好看。这段低谷期之后，我不仅还清了之前给母亲治病借的欠款，还意外地治好了自己的拖延症。

创业期间，我曾因为300块钱而崩溃，也曾因为客户无故白嫖而气愤，但更多的是怪自己、怀疑自己，然后不断前行。

创业近3年后的今天，我终于有能力说去哪就去哪，并且每年都花时间陪父母去体检。现在的我，特别想对24岁的自己说："选择拼命赚钱，是你做的最正确的决定。"

» 03 26岁，面对诱惑我选择靠谱

创业期间，我认识了很多朋友，很多人见我的第一面，都觉得我是个真诚、腼腆的人。不瞒大家，这种真诚、腼腆，我更愿意称为"自卑"。这个"自卑"不是我自身自卑，而是来自大山里的"自卑"，因为没有人比我更明白一句话、一个行为的影响力。

比起"天花乱坠"，我更喜欢遵从本心，认为对万事要有敬畏之心，对人要真诚，做事要靠谱。

靠谱，意味着凡事有交代，件件有着落，事事有回音。其实，就是不断交付确定性的过程。

对我这个没有背景的普通人来说，“靠谱”可以说是我最大的贵人。我以前的好几位老板得知我创业后，毅然选择把他们的品牌宣传或新媒体运营业务外包给我。其中一位，甚至解散了自己的运营小团队，将全部宣传业务外包给我，平时基本上也不干预，完全交给我来主导。

前段时间，我们有个客户续签第三年度合作，我过去拜访的时候，一起喝了点，我忍不住问他选择和我们持续合作的主要原因。他说：“很简单，你们比较靠谱。聪明的人我见得多了，但靠谱的人很少见。很多时候，我只需要说明一次，你们就能理解；即使不明白，你们也会积极主动地进行沟通，以确保明确了解我的需求。这是非常难得的。大多数人表面上答应得很好，但在最后交付的时候，可能会消失不见，或者一再拖延。”

靠谱的人，或许不是最聪明的，但一定是值得信赖的。希望你所遇见的人皆靠谱，也希望你变得更靠谱。

» 04 29 岁，从错过到抓住我用了 10 年

我这一路走来，没有背景，没有资源，自诩的聪明也在进入大

城市以后消磨殆尽，见识和机会都相对有限，在错过很多东西后，遇到风口时，只能选择迎风而上。

算起来，我总共错过了两次风口。一次是公众号，我2014年就开始接触，但当时我只是写着玩，完全没有往做大做好方面去想，因此错过了早期的红利。另一次就是2017年的抖音。

为什么会错过这些机会呢？说到底，还是认知不足，没开窍，没看到潜在的红利。那怎么办呢？我后来采用的方法是给那些持续行动拿到结果的人交学费，跟着人家学。

小红书的红利终于被我抓住了。创业以来，我们的小红书业务板块深度服务客户超130家，指导学员超3000人，其中有营收超过百亿的知名大品牌，也有小企业或小博主，大家都在小红书上取得了非常可观的成绩。我在公众号矩阵上输出了超60万字的小红书运营干货，吸引了超3.2万名垂直用户关注，很多内容被同行或者行业媒体转载。2024年我们推出的小红书课程、陪跑和私教服务，也受到了大家的高度认可，很多人觉得有用、价值高，真的能帮得上忙。

现在公众号有流量推荐机制，我们也全力出击，好几篇文章都拿到了数万的阅读量，其中有个号短期内累计涨粉数万。

我们也积极拥抱AI。自ChatGPT横空出世，我们整个团队都在深度使用AI，我还获得了全球首批微软和领英合作推出的生成式人工智能证书。我们推出的“100个AI和互联网挣钱项目拆解”小报童栏目订阅用户快速破百。我们面向普通人的AI入门课程，也即将正式上线。

目前AI是最大的风口。对于普通人来说，风口真是个逆天改命的好机会。但前提是，你得行动，得提前做好准备。不然，即便风口来了，机会也是别人的。

希望大家都能抓住AI的风口，也希望大家未来都能抓住属于自己的每一个风口。

逆流而上，破茧成蝶
——农村女孩的财富自由之路

桃嘟妈Amber

二孩宝妈

印尼知名培训机构联合创始人

东南亚知名电商企业高管

生于农村，祖上皆是面朝黄土的朴实农民，这个贫瘠的河南乡村也填满了自己童年的回忆。

辛苦的务农生活并没有浇灭父母对生活的热情和希望，为了我和哥哥的未来，在我两三岁时，父母毅然决然地举家迁往郑州。从最底层的工作开始，靠出卖体力换取微薄的收入，以确保子女能留在大城市接受教育。在汗水与泪水的浇灌下，生活之花渐渐绽放。一无所有的他们靠着辛勤的汗水和节俭攒下了微薄的本钱，转而小本经营。感恩我的父亲，日子虽然过得清贫，但他却始终没有放弃让我们接受优质的教育。实现了初入大城市生存下来的生活目标，他就将精力全都放在了我们的教育上。父亲常说："教育是回报最高的投资。"我们一家继续过着节俭的生活，但对我们的教育父母却从未吝啬过，虽然上不起补习班，也没有多余的钱来培养我们的兴趣爱好，但是我们却享受着那个艰苦条件下父母给予的所有支持。也是在那样的环境里，小小的我变得坚强、乐观、嗜学，像石缝里开出的花朵，为每一滴雨水和阳光而茁壮快乐地成长着，以中有足乐者，不知口体之奉不若人也。

那个曾在严冬中，小脸儿冻得通红，挂着鼻涕，小手皴裂，在动物园门口颤抖着身体跟着爸爸卖水果的小女孩，如今已人过中年，财富自由，夫妻和睦，儿女双全，在杭州安家落户，孩子享受着顶尖的国际教育。

有人可能会说，我的人生是一个精彩的逆袭故事。确实，苦难能够激发人的无限潜力。

读书时，我一直坚信“天道酬勤”，生命在于奋斗；而步入社会后，我更深信“选择比努力更重要”。几次站在人生的分岔路口，我都坚持选择了对我来说更重要的事，并用勤奋书写序章。

» 01 我的人生起点：逆境中的留学抉择，孤身漂泊，逆风飞翔

从小到大，我成绩一直很好，无须父母操心，因为肯下苦功夫。

记得小学四年级才开始学英语，开始一塌糊涂。后来下苦功学会了音标，坚持多年大量听、大声朗读背诵、看英文杂志，练就了一口流利地道的英语，无论应对考试还是交流，英语都成了我的一大优势。

初中时被就近分配到一所普通学校，虽心有不甘，但我努力学习，连续三年保持年级前十的好成绩，并顺利考入省重点高中的重点班。经过一段时间的起伏，高二开始成绩再次名列前茅。尽管高考稳定发挥，但因志愿填报失误，被第二志愿大学的英语专业录取。因为没有考入心仪的学校，那段时间我失望、迷茫，不知路在何方。

2008年8月，一则全奖留学印尼的机会从天而降，被我紧紧抓

住。尽管有不舍，被质疑，但18岁的我，毅然决然背起行囊，走向了陌生的爪哇岛。学校虽小，环境艰苦，老师英语口音浓重，但我迅速适应，结交了很多好友，最终凭借优异的成绩、丰富的兼职与活动经历，毕业后顺利申请到英国利兹大学的offer，继续留英深造。

英伦的气候和文化与我过往的经历截然不同。我一边经受着文化冲击，一边努力适应着快速的学习节奏与压力，上课、做项目、看文献、写论文……还记得复活节长假，当同学们享受着意大利的美食和土耳其的日落时，我却想起在图书馆啃着冷三明治奋战到深夜，寒风瑟瑟，一个人回宿舍时路灯下那孤独寂寞的身影……虽然为论文奋战的那段时光着实苦不堪言，但我最终还是以优异的成绩毕业拿到硕士学位。

这段岁月丰富了我看世界的角度，也拓宽了我的格局和心胸。

» 02 在印尼的创业梦与中国的新机遇之间，选择定义了我们的人生路径

我和男友在印尼相识、相知、相爱。读完硕士，我决定回到印尼跟他在一起，看准机会，与他一起创办了一家教育机构。没有背景和资本，创业从零到一，艰苦可想而知。好在我们选择的赛道足够小众和聚焦，有大量的市场需求。在我们努力、用心的经营下，教育机构渐渐走上正轨，建立起了良好的口碑和品牌影响力，赢得

了众多客户的信赖。2015年左右，随着合伙人陆续退出，爱人开辟了新的事业版图，我开始了独立经营之路。其间，我出版了教材，抓住机会开启了线上教育，让更多身在首都雅加达之外的人也能享受我们的优质课程。过程虽然琐碎辛苦，但对公司和学员来说都很有价值和意义。

2014年，在一起五年的我们结了婚。2016年，有了可爱的宝贝女儿，住在有游泳池的舒适大公寓里，过上了有保姆和司机的生活。身边有一群可以随时一聚的同学好友，周末假期可以去爬山、海钓、旅行。在印尼这片追求“santai（放松）”和“sabar（淡定）”的土地上，我们的生活虽不算轰轰烈烈，大富大贵，却安逸而满足。这一切，似乎已是我们这样起点的人的美好归宿了。还奢求什么呢？我们的人生，也似乎就这样一眼望到头了。

但心底里，我总是隐隐约约觉得还有所欠缺：这种生活难道就是我的终极梦想吗？纵使不是，我还能有什么别的选择呢？

正当我以为自己的人生会如此平淡地走下去时，命运抛来一个机会。老公那边有了一个突如其来的回国发展的新机遇，而他决定抓住这次机遇。

我则需要面临抉择：回国，意味着要放弃安逸生活、多年经营的成果和朋友圈子；留下，则要面对两地分居的痛苦和大量未知的挑战。

我的内心矛盾又复杂：对放弃现在所有的不舍，对不确定的未来的担忧，以及对新生活的向往和兴奋。

无数个夜深人静的时候，我在公寓花园里漫无目的地游荡，不断问自己：我是否愿意为了家庭放弃现在的一切，重新开始？我到底想要什么样的生活？

我想起父亲的教导："真正的财富不在于金钱，而在于心灵的自由和家庭的温暖。"

最终，我选择了爱，选择了家庭的温暖，选择了人生路上的新篇章。我也清楚地知道，这将是一条充满挑战的路。但我愿意去尝试，去探索。

而事实证明，这个选择是无比正确的。尽管历尽磨难，但收获颇丰。如果没有当初那个决定，我们可能不会取得今天的成就。

选择定义了我们的人生路径。

正如法国哲学家让-保罗·萨特说的："存在即是选择，我们是我们所做的选择。"

» 03 3个月在4个国家 从0到1搭建起标杆直播团队

2020年1月，我们一家老小回到国内。在家带娃半年后，我决定重返职场，转战电商行业，一个与教育截然不同的新领域。

尽管国内直播自2018年起快速发展，但在2020年的东南亚市场却方兴未艾。公司嗅到了机会，命我去带这个项目。

作为行业新手，对于回国前连直播都没看过的我来说，这是个巨大的挑战。但我选择迎难而上。我深入研读了各种智库报告，市场趋势分析，拜访了行业头部玩家，观摩头部主播直播间，请教资深运营专家，逐步构建了一套方法论，同时迅速搭建总部的直播团队。

极具挑战的是，电商直播在东南亚完全是新生事物，没有任何成功经验可以借鉴，更没有成熟人才可以挖掘，我们只能改变策略，从零开始培养团队。虽然过程并非一帆风顺，我还是在三个月内迅速在各个国家子公司搭建起了专业团队并在实战中磨炼出了他们的专业能力。

很多出海的大公司都会将国内经验照搬到其他国家，以为是降维打击，但往往会因不符合当地人的文化和消费习惯而造成水土不服。于是，我将中国团队的实战经验与各国的文化特色巧妙结合，打造了一套适合东南亚的本土化方案，同时允许他们因地制宜，这样的过程就如同调制一杯香醇的咖啡，每一口都是不同的风味。

最初几个月，我花了大量时间关注海外子公司的每场直播，带领团队不断复盘数据，进行优化。海外团队不负所望，迅速迭代成长，取得显著成绩，赢得了多个知名品牌的合作，多场直播被平台拿去做标杆案例分析。

最初缺少主播时，我甚至还亲自下场用英语做了多场美妆等产品的直播，虽然辛苦，但难忘且有趣。

生活不是等待风暴过去，而是学会在雨中跳舞。

小米CEO雷军曾说过：“风口来了，猪都会飞。”然而，东南亚电商直播的前景仍不明朗，无人知晓“风”何时来。我们只能专注当下，摸索前行。虽充满迷茫与煎熬，但我还是设定了“全力培养团队、储备人才”的目标。最终，我们为行业培养了一批在各平台表现突出的优秀主播和运营人员。

这段在电商公司内创业，从零到一搭建团队的经历，让我再次得到了巨大的成长。

» 04 专注育儿育己，经营亲密关系

随着公司项目从零到一的实现和团队的成熟稳定，越做越大，我大多的时间和精力都被占据。为了更好地陪伴孩子成长及完成二孩计划，我决定辞职回归家庭。

当人生面临重大转变时，往往会陷入迷茫和焦虑，我便是如此：一方面，担心自己跟老公、社会不能保持同频；另一方面，面临很多的育儿焦虑。

但乐观向上是我的基因，我相信，方法总比困难多，行动是化解焦虑的良药。通过系统学习心理学，阅读大量育儿书籍，确定了

“抓大放小，以终为始”的教育原则，高度重视孩子思维和阅读等底层能力，情绪控制和调节能力，以培养良好的生活和学习习惯为目标。然后将重要的事分解到具体日常小行动中，以增强掌控感和确定性，并在实践中不断调整。例如：

英语：我把目标分解为每日可执行的动作，精听泛听相结合、刷分级读物、每天坚持阅读等，用不到两年时间，把刚上一年级的女儿培养到可以阅读原版《哈利·波特》，听说交流无障碍的水平。

阅读习惯：从女儿十个多月开始坚持亲子共读，培养她的阅读兴趣与习惯，经常泡图书馆，从共读逐步过渡到自主阅读，女儿成了一个热爱阅读思考的小书虫。

情绪养育：教会女儿从日常的一次次小问题中练习观察感知自己的情绪并用准确的词语表达出来，学会正确表达诉求；此外注重培养女儿思考和解决问题的能力。

习惯培养：主要以身作则，用健康饮食和运动习惯影响女儿，让她认识到健康的生活方式对一个人的重要性。

当然，在此过程中，也要尊重孩子的喜好和个体差异，不能生搬硬套别人的经验。心中存“道”，再磨“术”。

此外，我知道夫妻关系是一个家庭稳定的基石。老公是对我最重要、影响最大的人之一。我们俩相似又互补。缘分让身为同乡的我们在万里之外的印尼相遇、相识、相知十五载，如今我们已结婚十周年，儿女双全。从一无所有到财务自由，从青春懵懂到中年成熟，我们风风雨雨，彼此陪伴。

所以，我很重视我们之间的关系。我一直坚信，任何关系都是需要用心经营的，夫妻感情更是如此。一段好的婚姻，一定有着共同的家庭目标，并为之无私付出；同时，有着顺畅的沟通渠道，彼此尊重，心存感恩，共同成长。岁月如歌，十年的婚姻生活，我依然坚持与爱人共享独处时光，让爱情在平凡中绽放不平凡的光彩。我们会一起去看脱口秀或演唱会，坚持生活中重要日子的仪式感，老公也渐渐地从一个年轻懵懂的“钢铁小直男”变成了一个成熟稳重的懂得浪漫的爱人。

回顾起来，回国后的四年多，我的思维、认知和格局，都在不断学习和实践中提升了很多。我深信，人生是一场修行，任何小挑战和困境都是我修炼的契机和成长的动力，因而，我决不在纠结、痛苦中浪费时间，偶有停滞也正常，但积极前行是我人生的主旋律。人，一定要活在当下，因为只有此刻才是真实的，而无数个“此刻”决定了我们未来的走向。

我还觉得，凡事应求诸己。向外求，常会收获失望，但向内求，往往会收获意外惊喜。

曾几何时，我以为人生就这样一眼望到头了。但现在，我有了更多梦想，百岁人生，我才走了三分之一，剩下的三分之二，我还可以用行动书写更精彩的篇章。

我相信，自己的每一次人生选择，都是向着梦想更进一步的跳跃。

我最喜欢的一句话就是罗曼·罗兰在《米开朗琪罗传》中说的："这个世界只有一种英雄主义，那就是认清生活的真相之后依然热爱生活。"

在生活的长河中，我们都是逆流而上的勇士，不断寻找着属于自己的那片星辰大海。

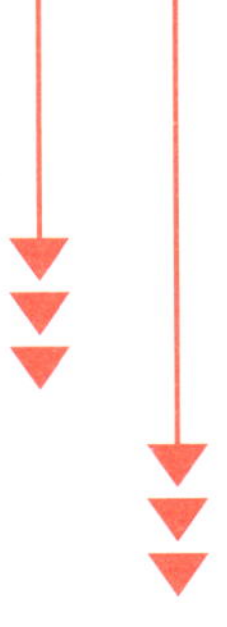

金莎

二胎宝妈，
从深陷困境到
三年在二线城市买两套房

金莎

大学时期多个大学巡回演讲

大学毕业 6 个月体验月收入 3000 到 3 万

现沐恒工作室创始人

坚持 60 天早起锻炼一个半小时，减重 10 斤

我2015年大学毕业，2014年开始实习，到现在工作也有差不多十年。回顾十年，从实习完第一个工作以后就没上过班，短暂创业做了跨境电商，后面结婚生娃在家全职带娃，也尝试过写作，做过淘宝，做过京东，现在一直在做传统电商。期间经历了痛苦，经历了各种心酸，经历了周围人的不理解，一直坚持到现在。还好我很幸运，一直没有放弃，一直乐观对待生活，一直努力学习，让自己成长，希望我的经历能给您带来鼓舞和能量。

» 01 要想成为不一样的人，那就不要按部就班

在我进入大学之后，发现跟高中完全不一样，大学课程非常少，课余时间非常多，习惯了高中的紧张和充实，突然一根弦就崩了一样，周围几乎大部分的人不是打游戏就是看电视剧、逛街……前面一个月我都感觉很空虚也很迷茫，后面偶然遇到一个英语培训机构来学校演讲，教英语口语、演讲等等。我当时开了眼界，还能有这么有激情的人，他身上那股奋斗的劲和激情点燃了我，让我有一种崇拜感，要是跟他一样能激情地演讲就好了，于是后面就利用省吃俭用的钱报了课程。

这个培训机构跟其他的有点不一样，这个培训机构大部分时间带着我们去实操，课堂学习完就会让我们去实践，组织各种活动或者比赛的形式去帮助我们消化学习的内容。我们做了很多有意义的事情，比如我们学了演讲和表达，每个人设计一个自我介绍，就组织我们在不同场合去表达自己，大桥上、公交车上、班级上等一些公众场合都有过我们的身影。后面学了大概一个月的音标，就让我们去教别人音标，然后我们在晚自习的时候去附近学校去招生，就象征性收20元一个人，一个学期，一周上一次课，招收的人数最多的还有奖励。我当时招收的最多，教学时间也排得比较满，早上、中午、晚上都有在给别人上课。本来还晕车的我养成了上车睡觉，到站就醒的能力，当时还觉得很神奇；为了锻炼胆量，我们冬天一起去市场批发冬季产品，也下寝去推销产品，情人节的时候在五一广场上参加7个小时的卖书活动，开学的时候去学弟、学妹的教室推销产品等。

这些经历充实了我的大一大二生活，确实让我学到了很多东西，成长速度非常快，也变成熟了不少，到后面我跟同龄人说起这些，别人都想跟我一起去实践，说我非常有感染力，能让人产生立马就想去报这个课的兴奋感。这些经历都非常宝贵，当时周围很多人都说我很自律，自律的本质其实就是自己知道自己要什么，想成为什么样的人，做成什么样的事，过怎样的一生，从而努力去做到和实现。

» 02 确定目标，不计回报地去付出和执行

大三下学期出去实习找工作，我学的国际经济与贸易，于是去了深圳，找好落脚点之后就去找工作，后面选择了一个离住的地方比较近的初创公司，工资就2300，不包吃住，只有三四个人，领导直接管辖，感觉机会大些，学的东西也多。刚开始上班我对工资要求不高，能养活自己就行，主要积累经验，学习和实践。

进去以后就是分配一个新店铺，教怎么上产品，上了半个月时间，能出点单子了，但是我不满足于上产品，于是我想学运营，希望把一个店铺做到一个有很好销售额的爆款店铺，但是公司里没有人会运营，于是通过各种搜索和研究，找到一个合适的培训机构让老板报名，老板就花了一千多报了这个课程给我学。

接下来一个月的时间，我都是晚上吃完饭就去听课，白天我就上产品和实操。那段时间回想起来也是比较辛苦的，天天听课到晚上十一二点，做各种笔记，还要学习ps怎么做图，怎么做切片。虽然很辛苦，但是很充实，每天都能学习且能进步，也能看到店铺越来越好，非常开心，很有成就感，大概不到两三个月时间，我就把原来的新店铺打造到月销售10万美金的店铺了。

后面公司招聘了新人，老板让我当主管。我负责运营，新来的

人上产品。新来的人按上产品的个数算工资，而我拿利润的分成。这样，我的工资就更高了，我就更加卖力地做，可惜结果不如人愿，老板减去各种公司开支，团队开支，说没有利润分了，而且新来的那些上产品的新人工资都比我高，那一刻我很失落，感觉付出不成正比，后面就离开了。

虽然没有遇到一个赏识人的老板，但是有这段奋斗的经历，我还是很开心的。我发现自己做事情要有做到这件事情的目标，然后努力去奋斗、去拼搏，实现自己的目标。这个是非常宝贵的经历，后面没做之后我也自己创业做了跨境电商，用到了所学的东西去创造财富。虽然后面规则变动加上认知不够，只做了几个月时间，但也达到了一个月能有两三万的收入，是上班时候的10倍以上了。这对于刚毕业的大学生而言是非常多的工资收入了。

所以，做任何事情都要保持热爱。热爱是最深层次的自律。当你足够热爱一件事情，自律就会变得自然而然。无需刻意，无需督促，无需强求。

» 03 人生除了需要努力，还需要抓住机会

2018年年中，二胎也才几个月，带娃已经很辛苦，但是感觉一直都很空虚，总想干点什么事情出来，所以边带娃边研究国内电商，

最后选择做京东。大概两个月就开始实现月收入过两三万了，然后感觉还可以就想稍微扩大些，就尝试到县城租一个小办公室，继续稍微扩招一点，但是家里人都不支持，不理解，也不帮忙，所以我自己在属于我老公地盘的小县城找地方，找二手办公家具。后面找到地方也只有我公公帮我一块块板子，一张张椅子从一楼搬到楼梯房的三楼。

后面大概在2020年过年前后，那时疫情已经开始了，突然有一天晚上，一个洒水壶产品流量突然暴增，过年时几乎没什么人下单的，但是那会已经有20多单，接下来的几天都是很夸张的，几千几千成交额一路上涨，然后我就开始找货源，大概初五就开始让厂家发货，但是没发几天厂家就断货了，然后这时发现整个市场这个东西都是缺货状态，大部分商家都已经断货下架了，于是我全网各种找厂家，从早忙到晚，看到谁家有货我就换图片、换他们家的款式，继续发货，但是这样差不多一个厂家发一两天就没货了，不是仓库被封了，就是没人发或者阳了或者快递停了等等一系列的问题，那时候大部分城市都是封闭状态，所有人都在买消毒水、买口罩，我一直没日没夜地想着找厂家，看谁家有货，换图换厂家，换到市面几乎没有货了，又一大部分同行链接下架，我心里其实很纠结，很难受，有流量但是没货，找到有货的厂家入京东仓也搞不定，我老公这时候也劝我想开点，劝我也下架算了，因为也累了好些天了，我们疫情也没上班，完全都是我一个人又是客服，又是售后，又是发货，又是找货。除了上厕所就是工作，吃饭都是我婆婆端过来给我吃。两三天找不到货源，但是我确实很不愿意放弃这个机会，于是用尽各种办法大概找了三天左右，我终于找到一个跟我图片一样的款的小厂家，他说他们库存很多，可以发货，于是我就很兴奋，然后自己开始投点推广，单量更大了，一天一万多成交额，没日没夜地安排订单发货。虽然是低客单，20多元的东西，不过我一直没有涨价，所以订单量很大，天天安排订单到晚上一两点，早上五六点又起来开干。这样坚持了大概最开始的一个多月时间，收入也是非常可观的，平常的十倍以上。后面稍微放开以后，市场也都恢复了些，就没有那么好做了，销量恢复到一般水平了。

其实有时候想想真正赚钱的时机很短暂，不抓住就没有了，也非常感谢自己一直坚持下来了。创业虽苦，但是创业确实最能让人成长，几年时间就能体会在职场上体会不到的各种东西——员工问题、管理问题、侵权纠纷、法院起诉、工商投诉、打假人等等，加上常年无休，逛街、吃饭、睡觉手机不离手，时时刻刻待命，还有因为家人不理解、不帮忙更是让人身心俱疲，自己内耗很长时间一度感觉自己要抑郁，现在回头看看，所有的经历都是我的财富。

通过毕业做了几个月跨境电商，我还了我跟我老公结婚的时候借的彩礼钱，通过怀孕带娃期间跟我老公一起做淘宝，2018年在长沙首付了一套房，通过后面开工作室和在疫情期间抓住的机会，让我在2020年双十一在珠海又首付了一套房，然后一直到现在持续努力创业，相对一些认识的朋友来说，我的成就与进步都比较缓慢，我也一度感觉自己做的还不够好，不过没关系，接纳自己，每个人都有每个人的高光时刻，只是时间不一样而已，所以要相信，努力不一定有回报，但是不努力肯定没有回报。

希望读完我的故事能让你获得能量，给你启发，让你知道做一件事情一定要坚持——坚持的力量能将平凡变为非凡。

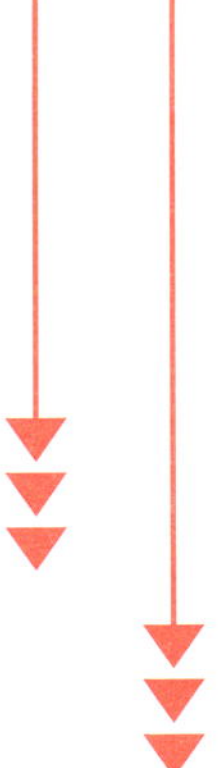

琦琪

重塑人生下半场：只要开始，一切都还来得及

琦琪

国家一级职业培训师

“85 后”职场妈妈

浙江省隐形冠军企业高管

15 年行政企划 /HR 管理经验

学习交流平台“行政 /HR 俱乐部”创始人

5：30，迎着太阳伴着江畔的微风奔跑；

8：30，在咖啡的袅袅香气中开始一天的忙碌；

19：00，与家人一起晚餐后，看书阅读，同时陪娃写作业；

22：00，结束一天的繁忙，冥想安睡，我本自具足。

早起、健身、阅读，不内耗、不焦虑、不迷茫，我期待已久的生活，终于在40岁启动了。

15年间，我见证了企业从产值3000万元发展到高峰时4亿元，再到企业资金链断裂破产重整，我也因此身无分文，负债累累，心力交瘁，摆烂两年，现在左手梦想，右手生活。

我的人生态度，发生了180度的大逆转。现在回头看，这些挫折唤醒了我的内在力量，让我学会了自洽。

因此，我写下这篇长文，愿你我都能拥有自洽且自由的人生。

» 01 23岁，命运的齿轮转动，回到十八线小县城

2006年12月，我在宁波大学就读电气工程及自动化专业，作为应届生过五关斩六将，进入一家日资企业，成为班里最早一批签订就业协议的毕业生，而且入职的是日企负责固态硬盘产品的技术部

门，能够接触到前沿技术（固态硬盘在2010年左右开始大量普及），我别提多兴奋了。签订就业协议后，安心等待2007年7月份拿到毕业证书和学位证书即可正式入职。于是，大四的最后一个学期，相比其他同学频繁穿梭于就业市场和校内招聘会，我只需用心准备毕业论文即可。

但没想到临近毕业前一个月，日企因为总部进行战略调整，决定撤销在中国的固态硬盘技术部门，解除了就业协议。彼时，校招已经基本结束，我只有在人才市场的社招中寻找机会，终于在拿到毕业证时入职万向集团旗下子公司。人生戏剧性的一幕上演，在我将档案、党组织关系全部转入，以为已经铁板钉钉后，又接到了没有岗位编制，需解除劳动合同的通知。

一波三折，最终本着“先就业再择业”的态度，我入职了杭州一家小公司，开始了我的职场生涯。让我临时决定回到江山这个小县城的原因，说来很好笑，是在我一个月内被偷了第三部手机+第二个钱包的那个晚上，我绷不住了，给家里打电话，号啕大哭“我要回家”！当时，我一个月的薪资是1600元，勉强够买一部手机，接二连三的不顺利，让我很崩溃。

02 30岁，忘我工作速升职，背后是天平失衡的痛苦

我成为最早一批回县城民企工作的大学生，进了一家电气集团，在这里，从23岁到34岁，青春年华的激情岁月，都挥洒给了事业。企业从产值不到3000万元，一路发展到高峰期的4亿元，并启动上市融资。

初入企业，我从行政助理做起，跟着第三方咨询机构的专家顾问，将一个个管理项目落地；跟着公司前辈学待人接物、项目申报、公文写作等。我像一块海绵，拼命吸收知识，锤炼能力，痛并快乐着。我也迎来了我职业生涯的持续快速发展，入职第5年，升为人事行政总监，再到总裁助理、副总裁、准董秘，成为集团最年轻的高管。

与之相对应的，手机24小时开机，周六日连轴转，无数个深夜伏案工作，通宵达旦加班，成了日常主旋律。怀孕7个月时，我在出差；入院待产前一天，我仍在工作；尚未出月子，我已经在处理文件。工作的压力，让我长年处于亚健康状态，焦虑、失眠，头发大把大把地掉。

随着孩子的到来，无法陪伴孩子成长的痛苦和职场的高压，交织在一起，拉扯着我，我感到被痛苦吞噬。

孩子4个月时，早早断奶。

孩子8个月时，无数个深夜等着妈妈回去哄睡，却只能抱着妈妈的睡衣满脸泪痕地入睡。

孩子2岁时，背着小书包兴高采烈等待出游，我却因为一个电话匆匆离去。

孩子3岁时，最最揪心的事发生了，保姆阿姨在厨房忙碌时，孩子将打蛋器插入了插座，万幸大难不死，至今手腕处仍有纵横狰狞的深疤痕。

孩子5岁时，幼儿园组织春游，我无法陪他，孩子不小心攀断树枝，在其他家长的玩笑声中惊慌失措。

无数次，突然惊醒后的失眠，想到孩子触电惊吓后发白的脸色，止不住的啜泣，惊慌失措的小身影，我心里就有一个声音在叫嚣：这不是我想要的人生！

» 03 35岁，忽然一夜大厦倾，心力交瘁中回归家庭

我开始重新规划我的职业发展，计划在二孩产假前，移交工作后，就换一份新工作，哪怕薪资低一点，能适当平衡工作和家庭即可。

计划赶不上变化，2018年10月，二孩产假中，老东家打来电话：

“企业有可能要破产重整，事关重大，你得回来。”是的，企业前期快速扩张，一路向上启动了上市融资，高速增长可以掩盖很多问题，但一旦增长停滞，问题就接踵而至，企业流动资金紧张已经持续了几年。

毕竟是自己十年如一日全身心投入过的事业，当此生死存亡之际，我回到老东家。奈何破产重整，债权人、原股东、新投资人、企业职工……有各种利益诉求，9个月的重整期未能成功重整。2019年10月，企业无奈进入破产清算程序，资不抵债，加上当时经济形势严峻，资产打折拍卖，扣除抵押债权后，尚不足以100%清偿职工薪酬。

作为企业职工，又是企业债权人（企业资金吃紧时向职工借贷），我最终10年白干，家庭资产归零。劳心劳力十余载，徒劳无功心戚戚。

原本想象，空闲下来便是岁月静好的日子，有充分的时间陪伴孩子、健身、阅读，捡起热爱的烘焙，养养花花草草，再培养几项新爱好。实际情况是，此番变故，带来了巨大的经济压力，且多年连轴转，暗无天日的加班，发烫宕机的手机，围追堵截的供应商，早已耗光了我的心力。

回归家庭，人虽然闲下来，内心却翻江倒海，压抑消沉，无论怎么休息，身体仍是疲倦怠惰，头脑仍是昏昏沉沉。

我必须站起来，追求事业和家庭的平衡，重塑身体和健康心灵。

04 40岁，唤醒内在的力量再出发，重塑人生下半场

我逼迫自己行动起来，早起、跑步、阅读，购买线上课程，参加线上训练营，赴南昌、北京、深圳听课。从身到心，我用尽全力，一点一点把自己从泥淖中挣脱出来。

学会了课题分离，不再担心被否定，不再束缚于人际关系困扰，我迎来更自由的人生。

学会了活在当下，不再执着于追求事业与家庭的平衡。如果眼前是孩子，就好好陪他；如果眼前是事业，就好好工作。自洽使我获得了内在的平和，我保护了自己的能量。

学会了转念，不再纠葛于已经失去的，不再患得患失，转而怀利他之心，行利他之事，我收获了内在的喜悦。

混沌大学创始人李善友教授的《第二曲线创新》，是混沌大学必读书目。

第二曲线，就是在第一曲线高峰期到来或者消失前，找到另一条新的高成长性曲线。企业发展应该如此，个人成长也应该如此。

我决定用利他思维给自己布局第二曲线，创造更大的社会价值，同时活出更富足丰盈的人生。

回看15年的职场经历，初入社会的小白，一直在不断地迎接新

挑战，这个过程得到了职场忘年交的诸多帮助和指点，教我处事方法，分享合作资源。随着自己年龄的增长，我也成了职场前辈，年轻伙伴们总是能最快接受新知识，get新技能，与之同行，让我保持着好奇心和行动力。

于是，我决定发挥自己的专业优势，成立“行政/HR俱乐部”社群，定期组织线下沙龙活动，为行政/HR圈子的小伙伴们搭建一个交流平台，交流经验，分享收获，共享资源，共同成长。

我在不断学习成长中，获得了自我肯定的力量，看到了日积跬步的意义。所以，有了“行政/HR俱乐部”社群的社群价值观：

1.每个个体都是独一无二、不可替代、闪闪发光的。

2.相信时间的力量，每日读书，每日运动，每日复盘，每天变好一点点，我们终将成为自带光芒的小太阳。

一个人可能走得快，但一群人才能走得远。未来，希望和你一起创造更有价值的人生。

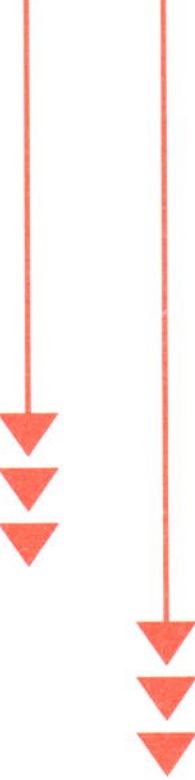

格玛

AI 时代，
怎么能让自己不被淘汰

格玛

数十家企业合规顾问

广审助手创始人

7 年累计写作 415 篇

法律 AI 应用合规标准起草者

你是否被铺天盖地的AI相关信息搞得非常焦虑，担心在这个AI时代失业、被淘汰？

疫情开始，世界就进入一种疯魔状态，仿佛被按下快进的按钮，3年时间发生了10年的事情。

每个人好像都被催着成长，曾经确定的路径被轻易摧毁，你我都被重新拉回起跑线，只不过这次都不能再怪原生家庭。

春节，看贾玲的电影《热辣滚烫》，被那句台词深深打动："我想赢一次"。

是的，在这个AI时代，我也想赢一次。

» 01 你要有自己的使命、愿景、价值观

海尔集团的张瑞敏在新书《永恒的活火》里提到：每个人都是自己的CEO。

CEO和普通员工的区别是什么？

一件事的决策错误，是要拿真金白银来买单的。

在自己32年的成长中，每写完一篇文章，都会配一句："个体成长的终点是自由"。

大概，这就是自己内心深处的信念。

所有的价值观里面，我的价值观是让自己获得自由。这种自由是我奋斗的动力源泉。每当陷入困境的时候，我都会闭上眼睛想象做成这件事后的画面，然后能量满满。

我要做的这件事是什么？从27岁开始，寻找到32岁，刚好5年。

使命：想做“世界第一的AI法务”，可以真正从商业角度出发，给年轻的创业者一点依靠。

愿景：未来创业者在法律顾问服务上的成本，能降低到现在的十分之一,一年最多几千元。

也许你会疑惑我为什么想做这件事情，那给你讲讲我的故事吧！

» 02 一只不想被困在大山深处的金凤凰

四川省甘孜藏族自治州丹巴县格宗乡江口组，是我的起点。

就像这个名字带给你的陌生感一样，这是一个比较偏远的少数民族山区，我从小的生活是从和小伙伴们在山上放牛，在地里干农活开始的。

每次新学期开学，班里都会少一两位同学，不是留在家里务农，就是买了拖拉机开始找“活路”。

我很幸运，一直有读书的机会。

那时候有首藏歌，里面有这样一句歌词：“我要走出大山，去看外面的世界，去看外面的世界呀。”以前六一儿童节，我还用这首歌编舞表演过节目呢。

最近看《我的阿勒泰》这部让人很治愈的片子，我想：剧里扑面而来的质朴和小时候的生活好接近。但即使这样，回到起点，内心也还是想去看看外面的世界。

后来通过教育，一步一步走到成都。

过程中发生了很多事情，每次回头看，都是一样的逻辑：先用尽全力进入一个更好的环境，2013年的司法考试（号称是除了注册会计师考试外，最难的国家考试），脑袋秃一片，360分擦线过，获得法律职业资格证A证，打开成为法律人的大门。

但我没有选择就业，因为想再换个环境，同年报考西南财大法学硕士研究生考试。于是又秃了一片头，最后以专业倒数第三的成绩，进入心心念念的民商法学。

这里有件趣事，为什么我会选择民商法学？因为在整个法律体系里，我不喜欢行政法繁琐、刑法的沉重，我喜欢合同中双方的博弈。

到现在我也很感谢自己读了研，虽然专业知识已经忘得差不多了，但有两件事让我终身受用：

1.思维方式：没有标准答案，多元化的思维方式、多元化的解读，很多相反的观点可以共存。这种理解世界的方式让我可以看到百花齐放，也尊重路边野草的向上生命力。

2.国际模拟法庭比赛：需要你代表国家，就一个案件进行辩护，用英文向法官陈述这个世界上哪个国家曾经的某个案例中哪个细节可以支持自己的论点。我是从一个个单词开始查的，到慢慢能读懂一份英文的判决书，再到能写出英文诉状，最后站在辩护席和法官面前进行口头辩论。那场比赛我拿到了亚洲第三的成绩，遗憾没能进入全球赛，但此时此刻，曾经花11个月专注研究一个完全陌生的领域，最后拿到结果的热情还充斥着全身，很燃！（大概这就是青春吧！）

后来，我入职一家非常棒的企业（现在已经成为世界第一显示面板企业），要作为公司的法务去和海外的客户上午一场、下午一场谈判，这个过程中无数次感谢自己曾经死磕过法律英文的经历。

这些经历，可能就是在面对不确定的风险时，我会选择更难的那件事挑战，即使失败也愿意买单的原因。因为人生真的太短了，短短几十年，一下子就没了，要留作品在人间。

看过一部电影《深海》，小女孩最后冲破重重枷锁，奋力挣扎，划伤脸颊也要走出困境的画面，深深印在自己的脑海里。我们都是普通人，眼前一地鸡毛，无数人和事会消耗你的心力，但总有一些会支撑你走向想要的生活。

对我来说，是不想辜负此生的自己。

03 你当像鸟飞往你的那座山

我是一只向往蓝天白云的老鹰，不是可以圈养的金丝雀。

日复一日的打工，慢慢使我产生窒息感。说不上具体是什么，总是在家里发呆，对着北京的灯火辉煌，怅然若失。脑子里蹦出来经典三问：

我是谁？我来到这个世界干吗？我要去哪里？

难过的是，不了解自己，也不知道要做什么，更没有目标。

每天上班的时候生龙活虎，下班后内心痛苦。

有次，打开得到App，听到梁宁老师的课程，她说人在做选择的时候，要用“点线面体”的思维方式：人是点，公司是线，行业是面，国家是体。

一个点再努力都禁不起线、面、体的坍塌。所以你在做选择的时候要跳出自己，把自己这个点附着在一个上升的公司、行业上，这就是杠杆。

很震撼，震撼于这个世界上有人能用一句话把自己拉出困境。

我开始寻找那个上升的线、面、体是什么。

“技术的进步是社会变革的最根本原因”，这是博士课程的老师说的；

“智能”是全世界头部企业都写在自己的新口号里的；

“AI”是不断被各种国家政策提及的未来的科技方向。

2019年，我决定把自己的命运附着在AI这个行业，告别领导同事，进入一家用AI提供法律服务的企业：幂律智能。

从2019年到现在，刚好5年，在这里我找到了自己要飞往的那座山。

ChatGPT爆火之前，AI并没有那么智能，甚至有点笨笨的。有一句很形象的比喻，有多少“人工”，就有多少“智能”。

要实现一个智能的审查点，需要标注成千上万条数据，然后法律同事将其整理为专家知识，做成审查图谱，算法同事逐个实现。但用户总有更高要求，技术上存在成本高、用户觉得不灵活的差距。

“AI+法律”可能很多人都没听过，我们在这个行业也做到头部了。合作的客户都是国内非常知名的企业，基本是各个行业的前三名。这些企业愿意用AI提升法务效率的根本原因是，企业进行数字化转型，是顺势而为。

ChatGPT爆火之后，以最快的速度了解到这项技术可能会降低技术成本后，就在想有没有可能利用这项先进的技术来降低中小企业的法律服务成本？

中国的企业除了那些头部企业以外，85%都是中小企业，其实大家刚起步的时候，都是在求生存。

大环境越来越不好，竞争越来越激烈，创业这件事变得越来越难。

在客户身上，能看到他们的难处。一个人投入自己的全部时间、精力，从0到1创造一件事，为一群特定的人解决特定的问题。他们不仅要发挥自己的专长，还要面对租办公室、工商变更、财务记账、团队合伙人矛盾、客户拖欠货款、团队人效低等问题，长期处于一种高压、不被理解的状态，人的生命力是会枯竭的。

我还是决定成为这些“年轻创业者”中的一位，一方面想通过创业实现财务自由；另一方面，7年的法律实战经验+5年的AI一线经验+2年的亲身创业经验，相信自己能给这个世界提供一些价值。

» 04 个体成长的终点是自由

有一位我很喜欢的长辈说过：做难事必有所得。在大街上，边走边闲逛，脑子里蹦出来：此生我最想要的是自由。这份自由分为财务自由和精神自由。财务自由可以让自己把时间还给自己，精神自由可以不背负别人的期待。

虽然现在网上充斥着各种躺平的言论，日子也是越来越艰难。但一个人一旦有了发自内心认可的目标，他的生命溪流就会汇聚成河流，沿着山脉、高峰、低谷曲折蜿蜒。

在见识世界的过程中，你会被满眼繁星的夜空触动、被初升的太阳感动、被傍晚的余晖打动；你会被心地善良的人群吸引、被信任和爱包裹着，即使生命同时给了你苦难、困境、欺骗、背叛。

昨天晚上11点，我写完了自己的视频号“创业避坑找格玛”策划案，里面有这样一句话：

“一个创过业、踩过坑的法务，已帮助数十家中小企业创业避坑。想帮助创业者提前知道其他创业者已经踩过的坑，省点心力。”

一个人在人生的十年中，和一件事深度绑定，那种生命状态是绽放的。

我一定要做到这件事，用AI赢这一次。

霁晖

慢慢变富，慢慢幸福

霁晖

20 年纺织外贸企业主
家庭教育指导师
高级心理咨询师，CHFP 理财教练

如何拥有幸福的生活？

在物欲横流、科技迅猛发展，人越来越感到孤独迷茫的今天，每个人都渴望圆满，渴望拥有和谐的夫妻关系、亲子关系，人际关系才是人生中最重要、最应该学习的功课。哈佛大学曾经跨越85年研究人类的美好生活是什么样的，罗伯特与马克将85年时间与空间沉淀下来的惊人事实展现给世人——美好生活是在一个赋予我们生命意义和美好的关系网中得以维持的。

» 01 金钱的迷雾：一味追求财富未必能带来幸福

我是霁晖，出生在一个江苏家庭，父亲是家里老大，他那一辈有兄弟姐妹7个，那时家里太穷了，父亲为了照顾家庭去厂里当了工人。我的父亲是个很聪明的人，家里的拮据给了他巨大的创业动力，卖木材、卖蚕豆，只要能赚钱，他什么都肯干。在我的童年记忆中，无论是在炎热的夏日还是在寒冷的冬夜，他总是在寻找着新的商机和机会。父亲的这种精神深深影响了我，让我从小就明白了努力工作的重要性。

等我上初中的时候，家里开办了一个手工作坊，也算是正式开启了创业之旅。在经济快速发展的20年，现金变五金，扩大再生产，我亲眼见证了乡镇经济时代的江苏制造业从作坊到正规工厂的一步步发展壮大。作为最早一批“富二代”，创业者的基因与对成功的强烈渴望，留在了我的血液里。我们经历了从无到有，从手工作坊升级到规模化生产，还做了设备的现代化更替。事业越做越大，事情也越来越多，但健康问题却成了最关键的问题。创业是风险最大的事情，父母一路走来，经历了太多的风雨，承担了无数的风险与压力。直到父亲因病去世，母亲也身患重疾，巨大的压力让我停了下来，开始回头思考生命到底是什么？

父亲的离世、企业的解体、婚姻的危机等一系列问题接连爆发，让我不得不停了下来，做了二十年的外贸工厂也不得不暂停。我开始反思自己之前的想法，难道挣钱真的是幸福的唯一途径吗？把金钱当作幸福全部，会不会是巨大的错误？

我开始思考，什么才是真正的幸福，什么才是我的人生目标，以及这一生我要怎么过。

» 02 人生最大的快乐是潜能激发

我的外公是第一代大学生，他毕业于上海财经大学，通过知识改变命运，成为镇上第一位注册会计师，这种来自母亲家族的学习氛围，让我从小就懂得学习的重要性。带着“学习是第一生产力”

的执念，我踏上了内在成长的学习之旅。这是一个并不轻松的决定，因为我需要面对自己的恐惧、不安与挫败感。我通过大量阅读和学习寻找捷径，想摆脱那条苦哈哈、累惨了还不一定能成功的路径。我的父母这么努力创富想要获得幸福，辛苦二十年，二人却过成了怨偶，我迫切地想知道到底是哪里出了问题。我曾经一度认为都是赚钱惹的祸，所以我像海绵一样积极地寻找与学习各种知识，想要改变，想要与父母不同，想要不再过度消耗自己和家庭，想要习得幸福的学问。在学习期间，我也没有停下对事业的探索，先后创办了连锁企业，还有三家便利店。

2008年一次偶然的机会，我参加了一个企业教练的课程，从此走上了学习改变人生的英雄之旅。我成为企业教练、CHFP理财师后，用学到的专业财商知识做好风控，慢慢理财，慢慢变富。以终为始规划好路径，做自己人生的策划人。在提升内在能量上，我先后学习了萨提亚咨询师课程、海灵格家庭系统排列、心理咨询师课程、家庭教育指导师课程，学习成了我的乐趣。

在学习的路上，我遇到了许多志同道合的人。他们来自不同的背景和领域，但都有着一颗渴望成长和改变的心。我们一起学习、交流和成长，互相支持和鼓励，我也开始领悟到爱的真谛。此前我一直认为钱就是爱，给钱就是给爱。所有的事情都应该为工作让步，人不要有太多情绪，那是一种无意义的呻吟。此前我是个不会表达情绪和感受的“钢铁女战士”，生怕被别人看不起，既骄傲又脆弱，每天都活得特别别扭。但一起学习的同频伙伴十年如一日地给予了我无限的帮助与支持，这让我的心态产生了巨大的转变，让我更加坚信内在丰盛和外在富足的可能性。我身体力行地体会到金钱虽然重要，但它并不是衡量幸福的唯一标准。我开始关注自己的情感需求，学会了如何表达自己的感受，如何与他人建立深厚的情感联系。我开始将关注点从外在财富转移到自我价值上，更加关注自己的内心需求，学会了如何调节情绪和心态，也懂得了如何与他人相处和沟通。这些改变让我更加自信和坚定。

» 03 励志帮助同样处在困境中的你我

真正的幸福来自与他人的深刻联系，来自内心的满足和平静。

疫情期间我参加了很多的公益调解，有幸被民政局妇联特聘为婚姻家庭调解员。我看到很多男女都深陷在生活的泥潭里而无力改变，失业失婚；孩子在破碎的家庭里也备受煎熬。因为我也受过这样的苦，而通过一些调整可以使社会最小的细胞——家庭更和谐，使家庭关系更美好，所以我开始尝试做婚姻调解，并立下了一个远大的目标——帮助困境中的夫妻提升能量，实现幸福。我愿意为此不懈奋斗。

有一天咨询室来了一对抱怨日子没法过的“70后”夫妻，二人经营了一家眼镜店。太太控诉先生老王一把年纪，还一天到晚不着家。丈夫也是一肚子埋怨，说自家门面一年就挣20万，全部都给家里了，平时自己就好约好友出去吃个饭，抽个烟，钓个鱼，哪值得这么关注？太太当时就不干了，她说女儿生了二孩，她就过上了忙忙碌碌的带外孙的生活，每天为外孙的衣食住行、上学忙得不可开交。仔细听完双方的论述，我发现了问题的关键，先生认为给钱就是给爱，太太认为帮忙带孩子就是给爱，二人都很受伤。其实双方都没有做错，只是沟通相处模式上犯了错误。

心理学上有一条原则，夫妻关系优先于亲子关系。先有夫妻，后有子女。海灵格有一句名言："女人跟随男人，男人服务女人"。只有夫妻共同面对家庭中的困难，找到自己的正确位置和分工，共同解决问题，平衡才能产生。先生不会觉得被妻子和晚辈忽略了，每天往外找支撑；太太也不用凭一己之力独自撑起一片天，而陷入无尽的忙碌和焦虑中。唯有每一个家庭成员归位，家庭系统才能平衡，才能持久稳定和幸福。

好在通过深度咨询，双方真正意识到了彼此的问题，太太感叹她之所以又累又苦，还不幸福，原来是因为智慧没有来到，她要好好爱护丈夫，和丈夫一起照顾女儿，也要教育女儿与女婿一起共同抚养他们的两个孩子，而不是"孩子第一，爱人第二"。类似的咨询案例还有很多。通过自己的专业知识，帮助夫妻找到沟通的桥梁，重建信任和理解，快速提升家庭幸福感，我觉得自己在做一件非常有意义的事。

父辈的故事让我明白，创业和挣钱只是手段，活得更好、更幸福才是人生的真正目标。我们应该关注自己的内心世界和情感需求，不断提升自己的能量和幸福感。现在我的工作不仅能帮助别人，也能让我自己感到满足和快乐。帮助他人，实现自我价值，是人生的一种重要追求。

凡人畏果，菩萨畏因。正因为我的原生家庭曾为工作牺牲了许多，所以我特别珍惜现在的生活。人生是一场体验，我要勇敢地做自己，勇敢地去过不完美的人生，顺便把自己走过的弯路化作燃料，以帮忙更多在婚姻中受苦的人找到幸福的方向。

» 04 慢慢变富，慢慢幸福

以前的我，认为人生只有工作和奋斗，正是人生之路上的碰壁与挫折才让我真正醒悟，金钱并不是衡量幸福的唯一标准，要通过努力学习和成长来实现幸福。

父母给予我的教诲让我学会了珍惜和感恩。感谢遇到的每一位老师和伙伴，是他们让我不断成长和进步。也感谢那些曾经质疑和否定过我的人，是他们让我愈加坚定自己的信念和决心。

我相信，只要我们保持一颗感恩和分享的心，去帮助更多人实现内心的成长，我们就能在变富的同时，慢慢感受到幸福的存在。

在未来的日子里，我将继续走在内在成长的路上，也欢迎所有同频的伙伴和我一起共同学习、成长和进步。在这个充满挑战和机遇的时代，让我们一起跟随时代的步伐，慢慢变富，慢慢幸福。

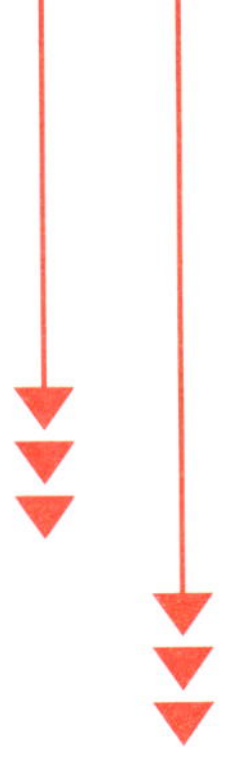

美映

靠一个简单习惯突围，开启成长之路

美映

注重细节，追求卓越的进步女生
真心实意，谦虚与人交流的职场人
不浮躁、不懒的现实中人

自律是人生最好的修行，在修行过程中难免会困惑焦虑，而在那无限的困惑焦虑怪圈中，只有点燃自律的火苗，才能治愈心灵的焦虑，消除心中的困惑，践行自己的决定，达成心中的目标。

人在焦虑中堕落，生活便迷失了方向，在迷茫中失去了自我。面对这些令人不知所措的事，唯有寻找到自律的钥匙，才能奋起复盘，反观过去，反思不足，总结经验，实现自我的价值。

如今信息爆炸，新闻、娱乐、广告等像海浪一样从四面八方涌入我们的生活，牵引着我们的身体、迷惑着我们的头脑，常常使我们进入自动驾驶状态，而我们还不自知。

原本各种信息负荷已严重“超载”，可我还是忍不住每天刷视频，每天工作之余就是在手机上刷视频，通过刷视频来打发时间，缓解压力，沉迷其中，无法自拔。似乎大脑已经将刷视频与放松联系在一起，形成一个无法戒掉的习惯，想要克服又没那么容易，平时总是手不离手机，眼不离屏幕，过后又后悔不该浪费时间，纠结、焦虑，日复一日，循环往复。

看着职场上的主力军逐渐替换成年轻一代，像我这种低学历，不懂英语，X世代的人已面临职场危机，个人新技能的迭代抵不上岁月的冲刷，前路迷茫，我该怎么办?

» 01 选择一个简单的习惯，行动起来

选择一个简单的习惯，行动起来。每天出门散步是我一直坚持的习惯，规律性的散步，使我的身体状态比周围的同事和朋友好很多。记得当时感觉到眼睛疲劳，颈部疼痛，意识到刷视频对健康不利，静下心来重新审视自己，看看如何才能改变现状，于是把手机放在客厅里，跑到房间里去睡觉了。我要求自己不再刷视频，刚开始感到更加焦虑不安，没有了刺激，感觉有些无聊和空虚。就在这一段空出来的时间里，我做的唯一一件事是随手翻翻书或出门散步，以此来填补空虚。

每天饭后出门散步是我唯一规律性践行的活动，慢慢地，我发现自己的状态更加清爽和有活力了，心情舒畅，也不再焦虑。这个看似不起眼的举动，自然而然地成为我不可或缺的活动，每次饭后的下一个步骤就是外出散步。

规律性的散步，也使我养成了规律的作息。晚上11：00睡觉，早上6：30起床，一开始只是为了起床而起床，洗洗刷刷，磨磨蹭蹭，吃完早点就上班。后来觉得这一个多小时的时间应该好好利用，就跟着一个直播做运动健身。但做健身运动好累，而且时间是早上6：20到7：30，运动完以后满头大汗，需要再换洗收拾，担心来不及上

班，所以没过多久就中断了。

每天散步一小时的习惯，让我解决了焦虑问题，心情舒畅，也让我有了对美好生活的更多向往。项目部的同事和国外客户在电话会议中流利地交流。英语是我的瓶颈，我心想，哪一天我也能和他们一样就好了。

正值疫情期间，巧遇耿建超老师的“治愈系英语”。耿老师在公开课上讲了一句话，至今仍记忆犹新。那句话是这样说的：想象一下你五年后的样子，如果时间倒流到现在，你想做什么？人生应该努力去经历一些你还没经历过的事情，找到对你有意义的事情，去做吧，现在就行动！我默默地问自己：五年后也就是2025年，我会是什么样子？我还有什么想要经历的事情？心里偷偷地回答：还没经历的事情太多了，想要经历的事情还不敢开始。

耿老师的课程我刚好听得下去，内容方法也认可，在推课程时正好打动了我，心里燃起了学英语的火苗，我下定决心要学习耿老师的“治愈系英语”，渴望以此来弥补读书时没学过英语的缺憾，实现我那埋藏多年的梦想！

就这样，我开启了一次新的学习之旅，“治愈系英语”是语法课，也适合我这种零基础的学习者，课程主张用思维开口，然后转化为语言能力。总共70节课，分为七大体系，通过直播及视频课对语法结构、造句、语音、提问方式做实操讲解。

因为我是零基础学习，不懂的知识点有很多，在学习的过程中不敢提问题。因为不懂，也不知道怎么问，所以从来不敢提问。

在后来耿老师建立的“治愈系私生群”里，我很害怕暴露自己不懂的问题，也很惧怕自己因为零基础而被嘲笑。有一次还错把from读成form，造句语意不通，幸亏有好心的伙伴帮我纠正了。想想自己真的比别人差得太多了。

在学到被动语态时，根本不理解语序为什么是这样的，因为脑中的中文语序根本不是这样的。老师讲过，有些英语语序跟中文有所不同，我也接受它就是这样的，可就是拗不过脑中那个已经固定的中文语序。我只能硬着头皮努力固化那个语法结构：be+done（过去分词）。

原来学习英语没有想象中那么简单。为了实现开口说流利英语的梦想，我每天早上6：30至7：30都学习。遇到不懂的知识点，就去看学习视频，翻文本，听直播。我取消了所有社交聚会，把时间都交给了学英语。磕磕绊绊学了两年，语法课程总算是学完了，语法结构稍有所掌握。

» 02 间歇性自律，习惯性焦虑，该如何破局

把报的课程学完了，发现也有一些效果，可很多知识点看完了就忘了，学了后面忘了前面，听力也完全和噪声乱码一样听不懂，

哪里能用得上呀！感觉自己学的速度太慢，好浪费时间啊。如果想运用在工作上，还需要大量练习。越想越焦虑，越焦虑越学不进去，我一下子失去了信心，突然间就不想学了。

2024年初我加入Kris老师的进化圈，参加了七天挑战营，阅读了Kris老师的《引爆自律力》，学习了“个人OKR目标管理体系”。近半年来，周围的朋友都发现我改变了很多，同时，我也意识到学习语言是不断积累和模仿的过程，为了避免前功尽弃，我重新审视了自己的需求。

每天饭后散步已成为我的习惯，我想，就把早晨上班前的学习培养成习惯吧，这样我早上和晚上就都有习惯了。就这样，我开始重新规划英语学习，从学音标开始，系统掌握音标，把所有音标认全、读准，做到能轻松读出单词；再记忆单词，把单词放入句子学习；学语法，把当初学过的语法再复习一遍，看懂句子+写句子+说句子；最后练听力和口语。我参加了公司团队报名的英孚英语课程，同时自己还建立了一个英语学习群，和同基础的英语学友们一起练习，正在学习的材料是《走遍美国》，我们计划2024年8月学习结束后开始学习《老友记》，一部一部地往下学，持续践行。

我制订了自己在2024年学习英语的OKR（Objectives and Key Results，目标与关键成果法）计划。O(Objectives)即目标，KR（Key Results）即关键成果。这是Kris老师在《引爆自律力》一书中讲到的一套完整的，人人可使用、可实践的“个人OKR目标管理体系”。

我的年度OKR是这样的：

O：2024年在众人面前，可以用英语自然地表达自己想说的话。

KR1：8月完成英孚课程，现在是初级6，年底突破升到中级8。

KR2：一年读书18本，两个月3本，平均每个月1.5本。

按照OKR计划进行日常学习已成为我的习惯，每天日课，我都会复盘前一天所做、所学、所得、所想，计划当天工作上、学习上以及生活上待办的事情。

03 你是能让世界洒满阳光的人

相信每一个人都能够成为那个让世界洒满阳光的人。我学习英语从零基础到现在可以描述主题的初中级，也经历了许多困难和挫折，但从未放弃。我知道，学习英语需要时间和耐心，需要不断练习和积累。因此，我每天都早起，利用固定时间来学习，背单词、听听力、练习口语、阅读英语文章。我相信，只要坚持不懈地践行“个人OKR目标管理体系”，我的英语水平一定会不断提高。我现在已经习惯每天按计划学习，如果哪天因为特别忙中断了，那就当休息片刻，复盘时会把自己拉回来，自然而然地接着学习，每周复盘一次，没有完美的一天，但可以有完美的一周。

我们都会对未来的不确定性感到担忧和焦虑。但是，当我们尝试从最小的事情做起，持之以恒就会养成习惯。念念不忘，必有回响。每一次小的进步都是迈向成功的一步，相信自己的能力和潜力，不断努力，就一定能够养成好习惯，实现自己的目标，过上更加健康、快乐和充实的生活，成为能让世界洒满阳光的人。

冯向阳

喝着“鸡汤”慢慢变老
——我“借”书自律的几点体会

冯向阳

传统文化践行者

爱读书的准作家

成长研究爱好者

中华诗词学会会员

中国针灸学会会员

一个人想有所成就，靠他律和机遇大抵是小概率事件，大半还是要得益于长期的自律。从古至今，在我国有悬梁刺股、囊萤映雪的狠人，在国外也有56年日复一日计算时间开销的牛人。可以说，能自律者，得人生。但是，我们普通人怎样才能做好自律呢？我的经验和教训是，不妨多喝点“鸡汤”，借助成长类书籍，提高自律能力。

我写过几本没有正式出版的小书，自己当然认为不错。在专业方面也早就获得正高职称，甚至获得过省级荣誉。但是呢，人到中年，学问徘徊不前，财务亦仅能自保，至今在县城租房居住，实不敢侈谈成就。回顾平生，觉得成绩的取得多应归功于自律，成绩太小则有一半原因也应归结于自律不够。庆幸的是，最近两年读成长类书籍，让我对自律有了更多新的认识。因篇幅有限，我从写作与健身两个维度来说。

» 01 自负心理：看不上成长类书籍

在2018年的世界读书日，美篇上有一篇作品被加精，是我写的读书词二十首。词牌都是《忆江南》，较全面地记录了我读书的事儿。其二写道：

书难买，铜板困雄才。十载颜生居陋巷，几回辟谷换书来。谁肯拔金钗？

我从小就养成了爱读书的习惯，在我青年时所著的小册子《壶天散悟录》(《壶天影》)中还专设了“品书”一卷。才参加工作那些年，可谓典型的月光族，经常为买一本好书而犹豫，省下吃饭的钱也是常事。“辟谷换书”，还真是写实。

这种对于书籍的痴迷无疑是后来“借”书自律的一个很好的基础。但是读书杂则杂，更看重经典著作，不太重视成长类书籍，尤其不大喜欢看翻译过来的著作。认为这类书浅显易写，自己花一两个月也能鼓捣出一本，在书店会站着翻翻，买就舍不得，以至青年时期并未完整地读几本所谓成长类书籍。这是自负心理作怪，幸而这两年有缘遇到的几本书让我改变了看法，在个人自律的道路上起到不小的借鉴作用，现在几乎变成一个“成长鸡汤”爱好者了。

» 02 同事的办公桌上看到《奇特的一生》

2020年11月3日，午饭后，一位女同事咨询一件事，惊喜地看到她办公桌上摆着本《奇特的一生》，这是写柳比歇夫的一本传记。柳比歇夫是苏联著名的昆虫学家、哲学家、数学家，一生写有70多部学术著作。我以为这一成就的取得应归首功于他的时间管理。他在26岁时独创“时间统计法”，每天精确地记录每件事的花销时间，坚持了56年之久。应该是时间管理方面天花板级的人物了。

我读中学时就约略知道这位大咖的统计方法，还在文章中提到过，但拖拉着一直没怎么实践。这次看到整本的书，勾起一些青春记忆，感到特别亲切，心里想，是得切实做好时间管理了！女同事招呼坐，我觉得站着看更快，结果站了半小时就浏览完了，漂亮的女同事大为惊讶：“怎么看那么快？”其实，当时是速读，心里已经决定买了。当天深夜就在一个网站搜索，书到手后，好像先看的是后面的辅助手册，包括李笑来《如何精确感知时间》等精彩文章。

在我看来，时间管理，是实现自律人生的一门必修课。在当前信息爆炸的网络时代，尤为重要。

我在买《奇特的一生》后，又陆续买了一些时间管理的书籍，比如今年买的《成事的时间管理》《只管去做》《搞定》《五种时间》等。我自己也终于初步完善了个人的时间管理系统，总结了一些方法，如长事分段法。对有些事须分段完成深有体会。比如想写《溮水四季录》系列散文，我就分为《秋杪寻红记》《孟夏品绿记》《冬雪鸿爪录》等篇，一篇篇完成并分年发表。今年可以发表的是《三春花缘录》。这些散文每篇都在2千字以上，其中“孟夏”那篇，有六千多字。对于一个业余作者来说，不是分段法很难完成。

关于时间管理，目前我要下大气力克服的是熬夜问题。

» 03 高铁上几次读过的成长书：《引爆自律力》

买这本书，应该是“引爆”两个字吸引了我。对作者的故事倒不太在意，翻开前几页就被其自律金字塔吸引。全书分自律为动机、行动、成就、平衡、成长五大系统，逻辑谨严，加之文字流畅，竟然仅花半天时间就读完了，还画了简单的思维导图。记忆中是第一次了解到“KPI”，后来还买了《每个人的OKI》等著作。

记得有两次回老家探亲就带了这本书，在高铁上、在家的空余时间都会翻翻。对其中印象最深的是正向反馈。当时正痴迷刷短视频呢，深以为然。

书中的个人平衡仪表盘和此前《奇特的一生》附赠册子上看到的邹鑫的生命轮统计法都让我印象较深。我在自己的九宫格人生设计上就常想到平衡问题，实际应用亦有益，比如常常自我提醒关注母亲的健康，提醒在工作之余别忘了自己的写作梦。

书中提到“不追求一时的平衡，而是从更长的时间维度，实现动态平衡”。说“没有完美的一天，但可能有完美的一周”，也颇有见地。

前年我温习陈氏太极拳，因为是83式传统套路，有好几百个动作，比较容易忘，重温时几天的业余时间都沉浸在其中，其他事务就照顾不多。写诗填词尤其如此，记得年轻时词兴一来，常顾不上吃晚饭，如果是写上百字的长调，可能会深夜不睡。

我的体会是，有一个适合自己的成长管理系统，是实现自律人生的重要保障。

» 04 一两小时读完的童话：《谁动了我的奶酪》

2022年的国庆节，中午逛县城的凤凰书吧，一口气买了一些书，包括《谁动了我的奶酪》《想要守护书的猫》。记不清是在哪天下班之后，躺床上不到两个小时把“奶酪”那本看完了。心里就想，为什么拖拉着不早买呢？很好的励志寓言，还那么容易读完。

书中说到有两个小老鼠，叫嗅嗅和匆匆，还有两个小矮人叫哼哼和唧唧，他们每天在迷宫中寻找奶酪充饥。在发现奶酪丰富的C站后，哼哼、唧唧不再努力，两个小老鼠则还保持着寻找奶酪时的一些习惯。一天C站的奶酪突然消失，哼哼、唧唧整天抱怨、担忧，嗅嗅和匆匆则立即出发寻找新的奶酪，不久找到更大的奶酪N站。唧唧后来终于克服自己，也到达了奶酪N站，哼哼呢，仍然一个人坐在空荡荡的屋子里，孤独而沮丧。

这书当时启发了我别想太多、直接行动之类。后来又想，我的诗词修为如果算“奶酪”的话，实在也像故事中的哼哼了。那些年自认为能诗工词，放个十年一般爱好者也赶不上。后来工作一忙，就几乎不再写诗填词了，也很少沉浸式阅读古人诗词了，当年写的《宋七绝品读》之类也未再理董。结果十年过去，创作能力大为下降，好些著作半途而废，很多背熟的诗词也忘记了。前几年突然发现网络上涌现出不少诗词高手，甚至有凭诗词创业的，我感觉我落伍了。至今仍像哼哼、唧唧一样，还在犹豫是否恢复和提高创作能力之中。

我想，要实现自律人生，就不能躺在既有成绩上睡觉，要看到变化和危机，要有一个持续成长的心态。

05 至今没有读完的书：《福格行为模型》

某天在一个读书的群里，突然看到一位书友拍了张《福格行为模型》的书影。心中大喜，正在考虑行为模式问题呢，赶紧在网上买了一本。书到后，就迫不及待地读完导读和部分正文。

福特提出了一个行为公式：B=MAP

其中，B代表“行为”，M代表“动机”，A代表“能力”，P代表“提示”。他揭示了行为改变的三个要素，没有提到意志力。福特博士指出，如果某件事情，你始终做不到，那一定是这三个要素没有同时发生作用。

书厚，一直没腾出时间读完。但此前读过《微习惯》等书，感觉作者的理念颇能心领神会。有意识地应用了一些，比如从能力要素考虑，可以降低事情的难度。我于站桩健身，其实也是有些懒的，这两年想站金鸡独立桩，坚持得不好。就提醒自己，别老想着要站多久，半分钟也算，结果这一年来居然坚持得很好，几乎每天会站两分钟以上。又比如提示方面，我这个熬夜大王，经常不能做到晚上刷牙。后来，把牙膏放在极为显眼的地方，并不断强化再晚也要刷牙的念头，居然基本坚持下来了。有时别人的限时催促也是一种重要提示，比如我答应给乡贤主编的《桐油之乡》作序，实在得益于这位八十多岁老人家的两次电话催促。

我的体会是，要做好自律，动机和意志力都极为重要，但有时降低难度、增加提示，不失为窍门。

» 06 实践正念：卡巴金的《多舛的命运》

前年我参加了网上的一个幸福人生的训练营，主打“正念”（冥想的一种），当时老师推荐了《多舛的命运》和《深井效应》。我在网上买到纸质版本，又自恃以前了解一点正念，再加一些别的原因，听了几次音频，就没参加训练了。去年举办方提醒可复训一次，我才认真看书、听课、打卡，有一段时间每天都坚持做葡萄干练习。到结营时居然写下一万多字的体验文字，引用该书数十次。当时我还“发明”了一个好玩的指导语：

众鸟高飞尽，千云任去还。

相看两不厌，只有自家山。

就是把李白的《独坐敬亭山》改造了下，当然，原诗也是可以灵活用作正念指导语的。百鸟飞鸣，千云来去，无妨觉察，不加评判，但锚定自家之山。此山，可以是口鼻呼吸，可以是神阙，或者可以扫描之身体。

无疑，正念练习对我在节食瘦身、活在当下方面是有帮助的。比如饮食，要求自己专心一些，多打开觉察，如吃菜时，就想菜农经过了怎样的辛勤劳作？这菜是如何加工制作的？色泽是怎样的？进口是什么味道？嚼一嚼后又是什么味道？我是否还需要吃那么多？这样吃几次，也就不那么贪食了。

对于正念，我还实践得不广泛，不深入。**我的体会是，我们在自律时，可能会习惯地胡思乱想，或者受外界干扰，正念练习，有助于排除内外在干扰。**

就我个人近两年的涉猎看，成长类书籍，在人生使命、时间管理、自律复盘、身心调摄等方面各有专攻，多看看会有好处，也不要轻视国外专家们的著作。如果说，多读文史经典著作，多读优秀诗词，有利于树立理想，培养情操，不至于方向走歪，那么，这类成长鸡汤，是有利于走得更稳健、更快捷的。

人间四月，来一碗“鸡汤”如何？

楠花

人生的可能性

楠花

贵州黔东南“僅家人”

“蜡染”“扎染”传统民族工艺传承人

旅游专业毕业，在苗寨里经营一家客栈

喜欢阅读、旅行和跑步

我是一个“僅家人”，这是一个56个民族没有包含在内的民族。僅家人主要分布在贵州省黔东南凯里市和黄平县，官方统计人数就六万左右。以前用我们这个民族的身份证是很不方便的，因为系统根本就识别不出来。现在设备先进了，但需要选择民族的那一栏，也只能选择“其他”。我们民族有属于自己的民族服饰和语言，当然还有订娃娃亲等民俗。“僅家人”的女孩子从小就跟着村里的妇女们学习蜡染、刺绣等手作，因为女孩子出嫁的服装都是自己从小一针一线做的。

当时村里也有严重的“重男轻女”现象，女孩子都在学做手作，很少有上学的，即使有也很少上到小学毕业。我算是比较幸运的，从小也跟别的女孩子一样学习手作，但是父亲在这方面是反对的，他觉得不管男孩女孩一样要上学，学这个对学习有影响，我当时也只能在父亲不在家的时候偷偷地学着做。记得有一次被发现了，他二话不说把我正在做的刺绣给烧了。后来我只能偷偷地做，所以我在这个方面比同龄人要差点。但是我是村里女孩子中读书最多的，也是当时我们村里唯一的一个女大学生。

»01 各种“练摊”促使我想去更大的城市发展

由于小时候学过一些民族手作，又一直坚持上学，在村里也算是有文化的人，假期期间，我经常跟父亲在各省市参加一些民族文化博览会，带着当地各村寨买来的民族服饰和工艺品，新的、旧的都有，有些是越旧越值钱。当时的博览会有些是政府组织的，代表当地的民族文化，除了带成品售卖，还需要现场操作展示，我小时候学过的也算是派上用场了。

小的时候出去大部分都是和当地的人一起，她们带她们民族的，我带我自己民族的，偶尔也有些差不多的，但是手工的东西都各有卖点，不是一模一样的，更不存在同行是冤家的情况。每次出去来回大概一个星期到十来天，只有一次我记得最长的是五年级的暑假，我去北京潘家园摆了一个假期的摊，那里只有周末才有集市，平常都是玩。当时去了十几个人，大家合伙在附近租了房子，具体在哪里我也不记得了，我只记得当时我对自己的要求就是如果不开张，绝对不能吃东西，水也不能喝。当然这个决定我没有告诉同行的其他人。后来我单独到其他地方摆摊和参加展会，也是经常刚开始先不吃东西，后来忙了半天来不及吃喝，现在有时候胃不太舒服，估计就是从那个时候开始的。

以前出去参加展销会坐的都是绿皮火车，经常买不到座位，卧铺根本舍不得买。有时候跟着政府组织展会，会有卧铺票，吃住条件也会好很多。摊位费也免交了，还有每天现场操作展示的费用，这是最好的了。

小时候村里的女孩子读书本来就不多，很多就读到二三年级而已，小学毕业的没几个，而我在父亲的监督下一直坚持读书。小时候我大部分时间跟同年龄段的男孩子一起玩，每天跟他们上蹿下跳的，弄得脏兮兮的，身上还到处是伤疤，现在我脸上还有两个比较明显的疤，就是那个时候留下来的。

环境对人的影响是很大的。从小和父亲走南闯北，和一大群小男孩在一起玩耍，这对我性格方面多多少少有点影响。我承认那时候我有点野心，我在大学学的是旅游专业，毕业以后当地的旅游系统正好需要人，只要专业对口，有人引荐就可以直接去上班，但是当时我不甘心在一个几乎没有变化和挑战的小地方工作下去，想去更大的城市发展，想做一些不一样的、从未做过的事情。所以，我选择放弃这个机会，去一个未知的地方。

» 02 经营客栈的“酸甜苦辣”

2014年，一个偶然的机会，我去到了西江千户苗寨，萌生了到那里做客栈的想法，由于当时房租很贵，装修都是按最快的进度在赶，后来经过差不多三个月的装修筹备，客栈终于正常营业了。由于苗寨的条件不像大城市那么成熟，所以使我在经营客栈时体味了一番“酸甜苦辣”——那时候连最基本的水电都供应不上，不是停水就是停电，经常半夜三更停水或者停电。半夜电话响了是最痛苦的事情，因为水电的问题我根本处理不了，但是也得接电话，让客人大骂一通，搞得自己身心疲惫。后来寨子里的设备条件慢慢地变好了，偶尔出现停水停电也没有那么着急了，也可能是自己变得麻木了，客人爱说什么就说什么吧，毕竟客人的旅游体验确实也不好，总得让他们发泄一下吧。

由于山区里湿气太重，特别是雨季、端午节前后的半个月，总感觉整个店的地板都是湿的，水从地下冒上来，随便怎么拖，地板都是湿的。很多游客来了以后总是习惯不了，总觉得被子、床单都是湿的，我们还要经常一一解释，好在大部分客人都能理解。夏天开窗通风时，房间里少不了蚊虫进来，除了准备驱赶蚊虫的药物，我们还会经常被叫到房间里帮忙捉蜘蛛和一些大的蚊虫。

经营客栈的日子忙碌而充实，在这个过程中你会见到形形色色的人，有些人会理解出来玩是为了开心，很多客观因素也改变不了，只要干净卫生和安全就行了。但有些人感觉就是来找碴的，不管怎么做，都满足不了他们的要求，当时我也感到无奈，没有其他办法，如果他们提出退房一类的要求也只能第一时间给办理，不能因为他们而影响到整个店的氛围。

做客栈的人可能都知道，特别像这样的旅游客栈，季节性是很强的，人多的时候接待不了，而且还经常会出现一些小问题，比如灯泡不亮了，下水道堵了，空调不制冷或者不制热了，门锁坏了，窗子关不上了，等等。反正你能想到的和想不到的情况都会出现。这也让我们这些客栈人变得越来越全能，后来如果我们出门在外，也会更有包容心，因为能感受到别人的不容易。

» 03 只有看书才是最好的出路

我一直很喜欢许巍的《蓝莲花》，也许是因为这首歌和我名字的读音只差一个字，刚一听到就觉得很亲切；也许是因为我很喜欢开头“没有什么能够阻挡你对自由的向往”这句话，我总是用这首歌来表达自己的心情。

我一直觉得，我们这个年代的人，成长在这个高速发展的年代，与我们的父辈和祖辈不同，他们的生长环境决定了他们对稳定生活抱有崇高的敬意，不会随意打破现有的规则。但我们则不同，我们更在乎自己价值的实现，不想过重复的生活。所以，毕业后我没有选择稳定的工作环境，因为总有一个声音告诉我“人生只有一次，要过自己想要的生活”。年纪越大，这个想法就越强烈。有时候我想年纪大了就别折腾了，但换一个角度，又觉得年纪大了，再不折腾就来不及了。

2019年，客栈经营到淡季的时候整个景区是没有人的，所以这时客栈就处于关门的状态，人也就闲下来了，没事就打打麻将。打麻将有个奇怪的现象，麻将桌上感觉还挺开心的，无论输赢，但是下了麻将桌就会觉得空虚和无聊，整个人都很负能量。其实，无论做什么都有一定的道理，偶尔闲下来打麻将消遣一下也没有什么不好。

有一天陪孩子去书店买书，不经意间看到一本书：《你当像鸟飞往你的山》。当时给我的触动很大。这本书讲的是一个很了不起的女性的故事，认为每个人都可以勇敢地做自己。

我开始爱上了看书，我还想如果可以的话就继续去读书，我甚至还准备去考MBA，于是当时就买了一些这方面的书，还报了几百块钱的课。只要有时间，我就背单词，听似懂非懂的逻辑课。后来没多久，疫情来了，客栈直接关闭，由于各方面的压力和变故，考试的事情没有继续坚持下去。

直到现在我都深信，只要你认真地准备做一些事情，不管你有没有得到当时想要的结果，也总会在后面的生活中回馈你。从这次短暂的备考中，我学到了一些逻辑思维，比如“非黑即白”“偷换概念”“非此即彼”等逻辑谬误。这些在后来的生活和工作中也起到了不小的作用。

现在我总算明白，当人闲下来无所事事的时候，只有看书才是最好的出路，多读书是没有任何坏处的，最坏的结果就是能让你尽快入睡，不会再出现失眠的状况。同时在学习的过程中，你会碰到很多优秀的、同样爱学习的人，自己也会变得越来越好。

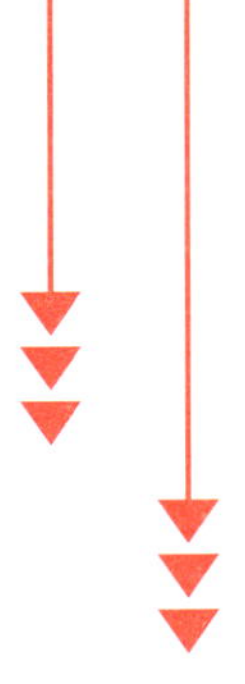

阿姣

体制内辞职，
十年沉浮，
我成了打不死的小强

阿姣

十年密室逃脱店老板
两男娃母亲
爬楼爱好者

前不久，有个朋友因为家中独子的教育问题异常焦虑崩溃，与我交流完之后，她惊讶地问道："你怎么能有那么多的能量？在我看来，你遇到的问题比我多得多！"

是呀，我怎么会有那么多的能量？如果问这十年我是怎么走过来的话，我想关键在这句话："虽然现在的我很普通，但是我想看看未来的我有多优秀。"

» 01 辞职带娃创业，店铺面临亏损，是坚持还是放弃

2015年9月，体制内的我，选择了辞职。这个时候大宝还没断奶，作为早产儿，他特别容易哭闹，需要悉心照顾。同时，我在我们小城市两家商场分别还开了店铺，一家是开了2年的密室逃脱店，另一家是9月底即将开业的面积达600平的星战镭射店。

辞职可以让我有更多的时间照顾孩子和看管店铺。在辞职后的一年里，生活和工作还算称心。

然而，到2017年初，那家600平的星战镭射店经营情况非常糟糕。而二宝的出生，更是打破了生活平衡。二宝出生之后，体质比较弱，面临着频繁的就医。这一年我是被焦虑、痛苦和无力感给包

围的。当时选择开星战镭射店，是因为密室逃脱行业发展迅速，我们更新主题的能力已经跟不上市场发展的速度了。虽然开密室逃脱的初心是想传递快乐，但是连自己都快活不下去了，还怎么去传递快乐？所以我思想懈怠，想追求一次性投入的生意，才选择了投入星战镭射项目。但事实告诉我，哪有什么一劳永逸的生意。

而小宝的羸弱身体，需要大量的时间悉心照顾和每周一次奔波大城市的频繁就医。记得我们第一次带小宝去大城市医院看病时，是赶了早上6点多钟最早的一班高铁过去的。因为一路要带推车、奶粉、尿不湿等，大包小包的，还要转出租车，结果在孩子的哭闹中忙得晕头转向，竟然把两人的身份证、钱包都丢了，到家时已经是晚上九点了。

关于2017年的回忆，感觉都是灰蒙蒙的。“如果两家店都关了，没有收入了，难不成啃老吗？”“我还有什么面子去面对我以前的同事？”“我是不是没有未来了？”“我既挣不到钱又没有时间陪伴孩子，没给我的孩子们创造好的生活条件！”这些话反复在我的脑海中浮现，我也无数次在心中反复问自己：“如果我当时没有选择辞职，如果当初没有那么自大地开600平的大店，我的生活是不是就不会那么痛苦了？”

» 02 把有限的精力放在最重要的事上

一次偶然的机会，我在某密室逃脱公众号上收到了一个来自同行的推送，让我有机会前往大连，遇到我人生的第一个贵人。在为期4天的学习中，这位老师告诉我，人的精力是有限的，要把有限的精力放在最重要的事情上，才能把一件看似复杂的事做好，才会有更多突破和可能。

学习回来后，我仔细思考了我近几年到底要做什么，喜欢做什么。于是，在深思熟虑后，我关掉了死撑了两年半，亏损了100多万的600平星战镭射店，把更多的心思花在经营已有4年多的密室逃脱店上，并疯狂学习经营、设计、建造等相关方面的知识。曾经的自己不知道力往哪处使劲，而这次，我能很明确地知道，只要我把密室逃脱这件事做好了，一切其他的问题都能迎刃而解。

我把店铺剩下的唯一一个店员，升成了店长，并带着他一边招人一边考察且一边学习。

在春节身边朋友都是聚会、放松的时候，我却在店里接待客户，泡面充饥，并且喉咙都喊哑了；在结婚纪念日那天，我和老公从工地上满身灰尘地出来，在小店吃了碗鸭血粉丝，就算是庆祝我们的节日了；把2个幼小的儿子放在家里，我独自拿着手枪钻，灰头土脸，脚后跟都走肿了，却还在和一群工人师傅一起加班加点，忙活了近20个小时；为了考察主题，我甚至有一次连续48个小时都没有休息。能举的例子太多了，而那就是20多岁的我的真实写照。

如果说2017年是我的生意接近死亡的一年，那么2019年，就是起死回生的一年。那一年，我开了第二家密室逃脱店，并筹划开第三家店。而我的生活也在渐渐步入正轨，大宝已经上了幼儿园，小宝的身体也越来越好了。

» 03 巨大的痛苦差点击溃我

然而，当我的第四家店刚开始装修时，新冠疫情就来了。这使我们服务行业，受到重大打击。

尤其是疫情第三年，我们一直处于开业和歇业的状态。虽然和房东申请了少量的免租优惠，但仍是杯水车薪。

而这个时候，上一年级的大宝行为表现异常，被老师反映纪律特别差。多次就医后，查出是多动症儿童，在这段关键成长阶段，需要给予更多的关注和配合治疗。

祸不单行，因为收入太少，我们家的房贷马上就要断供。

手头更是拿不出一分钱付工资，而除了店长，店员集体辞职。

这一年，我反复地问自己，还要不要坚持下去？一次路过家边的公园，看到别的同龄人带着孩子在公园露营，母慈子孝，欢声笑语，心中别提有多羡慕。纵观我们家，每天都在亏损，大宝学习吃力，而我也总是忍不住批评孩子，抱怨老公不好好管孩子。这一年，我觉得我是在吵架声中度过的，和老公吵架，和孩子吵架。这一年我陷入了巨大的焦虑之中——我已经34岁了，如果失业，年龄已经太大，工作都不好找了。而如果我们没能用科学的方法养育孩子，我觉得会耽误他们一辈子。另外，巨大的压力和断崖式的衰老，使我在和同龄的老公出门时，竟然被别人认为是我老公的阿姨。

» 04 如果世上只有一种英雄主义

当我在濒临崩溃的边缘痛苦挣扎时，2023年初，终于盼来了解封。经过深思熟虑，我及时关掉了第一、第二家店。店员都走了，我又回到了2017年，只有我和店长两个人上班的日子。

这个时候，我做了重要决定，那就是前往厦门，进行学习。在厦门，我遇到了我人生的第二个重要导师。他告诉我要不忘初心，告诉我“如果世上只有一种英雄主义，那一定是在认清长路艰难后依旧坚定前行”。

是的，“传递快乐和正能量文化”，一直是我的初心呀！

磕磕碰碰，我已经在密室行业做了十年了。虽然十年过去了，我依旧只是开着两家店又做老板又做服务员的普通人，但是我已经让我这个品牌存活了十年了！虽然行业规范越来越严格，竞争压力越来越大，但是，我坚信我可以让我的品牌再存活十年。因为我一直想看看普通的我到底能有多优秀！

从厦门离开之前，我给我的导师发了一则信息："这十年我就只有2家小店，是只打不死的小强。但是传递快乐的初心不变。希望在以后的日子中，能让自己变大变强，在未来的十年继续传递快乐，并且能对当地甚至我国文化传播做出贡献。最后能交上税收，实现自己的社会价值。"

学习回来后，我将"如果世上只有一种英雄主义，那一定是在认清长路艰难后依旧坚定前行"这句话贴在了店铺醒目的位置，并在产品、经营等方面做了大量的改良，而整个2023年，也终于让我扬眉吐气，体验到了收入上涨的快乐。

» 05 虽然现在的我很普通，但是我想看看未来的我有多优秀

今年，我把"走闭环"作为我的工作关键词。不断地复盘和改进，使我的经营模式形成一整套的标准化流程，业绩也突破了新高度。

当工作规划越来越清晰，时间安排越来越规律之后，我能更好地协调工作和生活了，也甩掉了当时力不知往哪里使的无力感。在业余时间，我进行了大量的育儿阅读，在教育孩子上有了不少新经验。

都说女人“长得好看”是运气，可活得好是本事。我开始爬楼锻炼、开始学习化妆和穿搭，精神状态越来越好，再也没有人说我是我老公的阿姨了。

最难的选择题不在我们学生时代的考卷上，而是在人生中。但人生这道选择题是没有标准答案的。不管你做了怎样的选择，比起一直回头想“如果”，不如专注地行驶在眼前的这条看似普通的路上。

不论你是一名普通的服务员还是一名不起眼的职工，甚至是一名待业在家的宝妈，你都有可能在眼前的这条看似普通的路上发光发热。我们要做的是要永远坚定信念，为了遇见更好的自己，哪怕知道前路艰难，却依旧能够坚定前行，用专业和沉淀作为护城河，去实现自己的“英雄梦想”。

“虽然现在的我很普通，但是我想看看未来的我有多优秀。”十年前我是这么想的，未来十年，我也会以此为信条，坚持去遇见更好的自己。成年人的世界不可能只有诗和远方，背后日与夜的付出，才是生活的真相。而知道生活真相并依然热爱它，这就是英雄主义。

孤独夜灯下的坚持，一名宝妈的 SCI 突破之旅

谢潇

优势赋能教练

成长型思维践行者

家庭教育指导师

高级工程师

TED 演说家，4 万人在线观看

ENFJ 主人公型人格，成人达己是我的人生使命

十年前，我怀揣着梦想，以优秀毕业生的身份研究生毕业，来到上海。前五年深耕业务领域，拿了大大小小的荣誉。后来，领导建议我转换赛道走行政路线。无奈遇到机构合并，领导许诺的职位最终也没有兑现。我曾经尝试考公，尝试挂职，每一次都拼尽了全力，却仍然无功而返。最终一事无成，身心疲惫。

兜兜转转，每次看到身边的同学早已在各自的赛道上小有建树，而我却始终在原地踏步。每当午夜梦回，总有一个声音问我：真的就这样了吗？不，我不甘心！

在最走投无路的时候，我选择了科研这条曾经让我最害怕的道路，开启了长达一年的孤独岁月。而当我走出绝望之谷，回头看的时候，发现走过的每一步都算数。

» 01 你要知道，所有烦恼都有解药

在那段找不到光亮的日子里，我读了大量的书，终于有一天，一句话出现在了我的眼前：你要知道，所有烦恼都有解药。是啊，我一定可以找到办法的。

我开始向内寻找力量，向外寻求帮助。从那一天起，我让自己

每天晚上端坐在书桌前，敲下“日思、日省、日习、日闲”几个字。慢慢地，思绪如涓涓细流般从指尖流淌出来，在键盘的敲击声中得以逐渐平静，常常30分钟一晃就过去了。这种自我对话，直到后来我才知道这是心灵的觉察，是古人所说的“吾日三省吾身”，果然诚不欺我。就这样，不知不觉坚持了100天、200天……800天。直到某一天，有一个朋友跟我说感觉你变得不一样了，但说不上来哪里不一样了。那一刻我笑了笑，是啊，人的成长只有自己最清楚。

在每日觉察中，我发现，我不是没有出路，而是简单的路有人走了，轻松的路被有背景的人占了，而像我这种既没背景又只有那么点小聪明的人，如果不肯吃别人吃不了的苦，那怎么可能过上自己想要的人生呢？“明明听过那么多道理，却始终过不好这一生”说的是不是就是我这类人啊？

其实一直有一条路摆在我的面前，那就是搞科研评高工。但在研究生毕业那会儿，我就发誓说我再也不想碰科研了——枯燥的公式，动不动就报错的代码，以及尝试了无数遍都不佳的实验结果，太令人痛苦了。

» 02 最艰难的时刻，写出人生第一篇 SCI 论文

当时，我做的最正确的一件事，就是在专业的平台上找到了一

位教练，他帮助我一点点从焦虑和杂念中走出来，逐渐明确自己的目标和计划，也让自己清楚地看到自己害怕的是什么，做好迎接困难和挑战的准备，不惧过往，不畏将来。那一刻，我明白了唯有真正面对自己曾经最害怕的东西，才能从废墟中一点一点爬出来。

雄心是有了，但现实依旧十分残酷。对于一个五年没有认真碰过科研的宝妈来说，一切都要从零开始。一边是自己的本职工作，另一边是高需求的小宝宝，一天下来早已筋疲力尽，多少次挣扎着从娃娃身边爬起来回到办公桌前，多少次早晨五点手表一震就蹑手蹑脚地去书房继续看文献，多少次在同事午休的时候悄悄抱着笔记本去会议室。但即便这样，进展仍然缓慢，因为没有整块的专注时间，这让我非常受挫。在我再一次陷入低落的时候，无意间刷到K叔的一篇文章，他说人生是动态平衡的，在某一个阶段是允许做冲刺的，可以在某个阶段聚焦到工作上，待下一个阶段再把精力分散到生活和育儿上。之后，我终于放过了自己，不再要求自己做100分的妈妈，不再要求自己面面俱到，告诉自己，你只是个普通人，你要把有限的精力专注地放在亟须突破的地方。后来，我告诉我的孩子，妈妈这段时间有一个很重要的“考试”，可能暂时没办法一直陪着你，等妈妈搞定以后好好陪你。孩子竟然神奇般地听懂了，原来孩子远比我们大人以为的要懂事。最搞笑的是，有次家长会，老师说：“开开小朋友跟大家说，他妈妈在准备一个考试，很认真，很辛苦。”

就这样，从2022年开始，我一直在断断续续地写着论文。已经过去了半年，本来我以为再过两周我就可以去投稿了，可以直接翻译了，因为当时准备投外文期刊。但导师返回的修改意见，让我意识到我的论文距离投稿还相差甚远。而这件事情也给了我很大的挫败感，因为坚持了这么久，到现在还没有一篇完整的论文成稿。我整宿整宿地睡不着觉，直到有一天我读了《爱迪生传》。我发现连爱迪生这样名垂青史的发明家都曾经历过那么多的挫折。当然，最触动我的是，他没有把挫折定义为失败，他只是告诉自己，我发现了一万种行不通的方法。

人生没有失败，只不过是这个方法行不通罢了。我不断地调整我的方法，以接近我的目标。很多时候是我们选择为自己贴上某个标签的，而这个标签为我们带来了恐惧。我们是可以选择为自己贴什么样的标签的，这是我们面对生活的态度。

» 03 放下虚荣和骄傲，你就能心想事成

前面说当我意识到是我的方法出了问题以后，我开始思考如何调整。以往我喜欢单打独斗，一个问题我可能选择死磕一周，也许通过学习的确是可以找到解决办法的。但是工作和生活的双重压力，导致我精力有限，想要在有限的时间里高效地写出论文，是非常困难的。俗话说，天下武功，唯快不破。长时间在一个问题上转圈，

慢慢地，就容易拖延甚至放弃。这次，我静下心来，认识到是我的虚荣和骄傲害了我。我应该承认自身能力的局限性，有效地利用我身上的资源，而不是傲娇地硬逼着自己从零开始。我记得很清楚，在周末的早晨，我酝酿了十分钟，拨通了很久没有联系的一个师弟的电话。我非常坦诚地告诉他，我在做一个项目，但是因为很久没有做科研了，我遇到了编程上的困难，请他给我解答一下。师弟很爽快地答应了。我挂掉电话后，看向窗外，那一片绿色的梧桐树摇曳生姿，我知道，我跨出了第一步。之后的每一天，不管遇到什么困难，如果我已经磨了一天却没有结果，就不再死磕了，该找人就找人，可谓是所向披靡。我很感谢拿起电话打碎虚荣心的自己。说来也搞笑，现在回头看，我真的把我联系人中所有可以请教的人都请教了一遍。

又过了一年，我终于在2023年发表了我人生中第一篇SCI论文。很奇怪，当我看到题目下面第一作者的位置印着“Xiao Xie”的字样时，我的心情并没有想象中那么激动，反而出奇地平静。

因为我知道我为了这一天，不知熬过了多少孤独的日日夜夜。曾经的我试图走捷径，以为这样就不用面对自己最害怕的事了。殊不知，人生没有什么捷径可言。越是想省力走捷径，就越费劲；越是想逃避什么，就越躲不开。曾经的我，试图想通过一些小聪明获得成功——偶尔的好运气是有的，但是在人生的长河里，没有稳扎稳打的付出，没有久久为功的坚持，是无法筑起人生的护城河的。

» 04 让自己更好，是解决一切问题的答案

2023年，我顺利通过了高级工程师答辩。至今，我始终记得，我站在台上对答如流、熠熠生辉的样子。每当人生黯淡的时候，想想自己曾经发光的样子，自己就会充满勇气和力量。顺利评上高工以后，工作上有了新的title（头衔），可以在参加会议的时候被介绍说这是我们单位的××高工，对方单位也会投来尊敬的目光。我的生活也变得松弛了一些，我履行了对儿子的诺言，最近这半年我很认真地在陪他。我自己也对未来的职业方向有了选择的底气，至少可以对不喜欢的工作say no。我也开始投身到我喜欢的教练事业中，成人达己是我的快乐源泉。

让自己变好，不需要等一切都准备就绪才能开始。没时间不是理由，没有支持也不是理由，如果是既重要又紧急的事，你一定能抽出时间去做，相信我！找到心中最深处的渴望，制订行之有效的计划，葆有持之以恒的定力，一定能遇见更好的自己，获得想要的人生。

此刻我正在太湖边敲下以上文字，望着平静而广阔的湖面，我想起了“轻舟已过万重山”这句诗。我不觉得自己之前的努力是在做无用功，每一次用尽全力的奔跑都是对生命的致敬。人生短短数十载，何不尽兴地活一次呢?

菜菜

逆境铸就辉煌，重获生命之光

菜菜

国内知名企业高管、内训师

至慧学堂创始人

国家心理咨询师

在人生的旅途中，每个人都会遇到各种各样的波折和困境，有些逆境突然袭来，让人防不胜防。在过去的二十年里，我一直从事外贸行业。几乎每年都要到国外参观学习，到访过许多国家。我从企业的职场销售小白一步步做到营销总监，这一路走来既努力又顺利，无论是房子、车子，还是孩子，都如期到来，生活似乎一切都很完美。然而，2020年的疫情突然袭击了整个世界，给我的生活带来了意想不到的变化。

» 01 双重困境，焦虑交织

疫情下，整个国家就像是按下暂停键，如同一道无形的屏障，将我们的生活和工作节奏完全打乱，街道变得空旷，人生就像突然跌入谷底，工作生活连同感觉都一起迷失了方向。那几年，出口贸易受到前所未有的影响，客户需求骤减，物流困难，展会、商务考察等活动不得不取消，出口额大幅下降，业绩差、效益低，公司一度面临着巨大的困境。再者，小孩到了中高年级，突然成绩不断下降，而由于前期认为小学的知识太简单了，所以认为低年级不需要对她的学习给予太多关注。于是现在开始后悔，天天晚上去盯功课。都知道辅导作业的场面是会鸡飞狗跳的，是个吃力不讨好的事情，而爱人体制内工作忙，不是加班就是值班，不要说帮忙辅导作业，就连晚上都很难一起吃上一个团圆饭。没有太多的生活交流，整个感觉就像只有我一个人在焦虑，无论工作还是生活。

那会儿上班时间减少，因为工作事情变少，业绩变少，同时就会影响收入，带来一定的经济压力，还有裁员的风险，这些压力带来的负面情绪，由于大多数时间只能宅在家里而无法和朋友交流，没地方发泄，一切问题就归根于环境不好。日复一日，一副躺平的状态，在家也越来越失去耐心，总是不停地抱怨，抱怨孩子总是学不会，抱怨爱人总是不付出，没有家庭责任心。

» 02 逆境觉醒，逆袭之路

2022年初，和一个朋友在线上聊天，说她在运营一个关于家庭关系教育方面的公益群，我也因为无聊加入里面。群里大多数都是一群好学上进的妈妈们，群里经常有许多不同的心理老师分享小课程、读书会等一系列活动，非常有爱。心理小课堂对妈妈们赋能，远离焦虑，正是我们这群中年妈妈所需要的正能量。过了大半年的熏陶，我的心态已经慢慢平和下来，不再为环境而抱怨，从内心接纳大环境对我工作的影响，管理自己的人心，昌明自己的道心，不断和这个世界和解，不断自洽，活出真正的自己。漫漫人生路，明白了无论高兴还是悲伤，无论人生在高峰还是低谷，无论快乐还是困难，一切都是来帮助我们修行自己的。在低谷时修我们面对困难的心力，接受一切障碍从容面对，会减少我们很多的内耗和焦虑。

我想，如果我自己也懂得一定的心理知识，碰到困难时既可以自助也可以助人，那该多好呀！于是我萌发了报考心理咨询师的想法，而和朋友一聊，原来她早已拿到了这个证，这就更加笃定了我要精进学习的信心，于是在当年暑假我就报考了心理咨询师的课程。我也希望通过自己的努力，除了让思维认知更上一层楼的同时，言传身教地让小孩看到妈妈的努力，和努力后带来的成果。

连续两个月的时间，每天都要听课，特别是一开始的理论课程，枯燥无味，而且时间长，每天都要一个多小时的听课时间才可以完成任务。我是早晨起来化妆时间听，上下班通勤的车里听，晚上回家饭后房里听，反正就是要用很多业余的时间才能完成。记得那会7月底是公司去厦门的展会，出去了一周时间，我带上书，早晚在展会忙完就听课，有几次时间太晚听着听着都睡着了。

到了每个周末，还有老师的线上直播课，为我们巩固课程内容和答疑，我也会第一时间收听，来不及的及时回听，从未落下任何一节课。那几周为了提高效率，不让家里人干扰，到了周末就出外找个安静的地方听课。周末一有时间就去刷题，每次目标是150道题（考试的题量），最后考前冲刺的几天，我是4份测试题每天做一遍，相当于每天刷600道题，做到想吐的感觉。

考试前还有一个任务是要提交一份3千字的个人分析报告，分析学习的过程收获等，我在中秋节小长假那天，找了一个咖啡馆，一气呵成地完成了。最终我以九十多的高分顺利通过了考试，并取得了心理咨询师证。

我回到公益群里，这次便以老师自称，协助朋友发布一些正能量的知识、视频，和群里的小伙伴们不断交流、精进，学以致用。到了年底，和两位志同道合的朋友一起成立了至慧学堂，利用这个专业的知识教育平台，除了线上教育外，还对接一些线下教育机构，例如学校、社区，把青少年成长、家庭教育渗透到社会中。学习了心理知识，说起话来一套一套的，回到家给孩子讲道理，让她体谅他人、关爱他人。

» 03 再陷低谷，涅槃重生

考完证这一年，我们利用业余时间，周末时间一起做了很多线上小课堂，对接了很多线下的小活动。然而时间一长，发现群里越发冷清，给我们反馈和互动的妈妈越来越少，开发的付费课程也没有太多人报名，我们开始自我怀疑，到底这样下去是为了什么，一度很气馁都想放弃了。

一切回到了原点，意气风发的一年就这样突然消沉，孩子也会感受到妈妈心情不好，家庭的负面情绪对孩子会产生不良的影响，孩子也会焦虑和不安，就更别说成绩了，于是又开始了新一轮“鸡飞狗跳”的日子。

一直艰辛地持续着这种状态，在2023年中下旬，在朋友的资源下，我们平台加入了当地的公共文化供给平台。作为文化教育的供应商之一，我们提供了很多的课程选择。当地的一些社会机构可以通过线上下单，选择了我们的课程就可以进行线下上课。

年底的时候有一次突然被别人下单了，意味着项目有了结果，我们几个都开心得不得了。这一单，是去当地某社区对亲子家庭做的科学小实验课堂。我们提供了老师资源去社区上课，取得了很好的效果。这大大增强了我们的信心，之后基本上每月一次的点单频率，让我们的平台得以发扬光大，越来越具有影响力。

这些都是在正式的工作之余，我们对个人能力提升的机会。不断接触新鲜事物，是一种生活态度和追求。我们几个合伙人分工合作，使各项活动都能有序地进行。

我们要努力做一个内心富足的人——内心富足的人是最幸福快乐的人，而持续富足，依靠的是不断成长，不断提高自己的认知水平，无论对工作还是生活，在处理问题的时候都会呈现出更好的效果。

现在回到家，有时候忙自己的事业顾不上看孩子做作业，孩子看到妈妈的努力也会变得很自觉，她会明白，妈妈一直在上班之余还要找时间努力学习，自己也应该要努力学习。我和孩子说：“世界如此丰富多彩，有许多的未知等着我们去探索，我们都需要自律和毅力，享受通过努力后取得的成果。”

» 04 梦想启程，助心赋能

未来我有一个愿望，通过研究如何提升一个人的心理能量，让人们更好地应对生活中的压力和挫折。现代人生活和工作压力都很大，研究如何减少焦虑，减少负面情绪带来的影响。拥有高的心理能量，可以增加抗压能力，快速从任何困难中恢复过来，保持积极向上的心态。

拥有高的心理能量，可以让人更加高效地完成目标任务，保持更高的创造力和专注力；拥有高的心理能量，使人更加乐观和自信，对生活拥有更高的幸福感，能使人更好地享受生活的美好时光；拥有高的心理能量，可以促进我们个人的成长和发展，不断地产生内驱力自主学习，为打造美好生活打下坚实的基础；拥有高的心理能量，可以使我们面对任何困难时都保持冷静，理智地应对，适应各种变化和挑战；拥有高的心理能量，可以让我们认清自己的内心，认识自己的优点和不足，更好地规划自己的人生道路，实现自我价值。

我会学习这些提升心理能量的方法并且传播出去，能为周围的人带来积极的影响，共同营造一个更加健康和谐的生活环境。

我很感恩那段艰难时光给我带来的挫折，勇敢面对并超越就是一次成长的过程，未来愿我们都能以积极的心态面对每个时期的挑战，把握好每一个人生机遇，在成长的道路上，成为更好的自己，让每一天都充满希望和活力，活成我们想要成为的样子，为世界增添一份光明和温暖。

路姐

逆风飞翔，
一个田野女孩的蜕变之旅

路姐

广工工商管理硕士
外企资深 HR
知识赋能者
高效执行者
行动派 E 型人
自律成长达人
生活探索家

在生命的长河中，每个个体都是独一无二的存在，携带着各自的故事与梦想。我，一个出身于山东农村的普通女孩，也在这股洪流中，以自己的方式，勇敢地谱写着生命的乐章。

我的故事，是关于梦想、坚持与成长的旅程。它没有任何惊天动地的壮举，却充满了一步一个脚印的坚持与努力。今天，和你们分享我的成长历程，那些塑造了我，激励了我，并最终成就了我每一个平凡瞬间的点滴。

我的童年是在齐国故都临淄的一隅宁静的村落里，那里风吹麦浪，蛙声虫鸣，皑皑白雪。村庄的宁静令人沉醉，但我从未停止过对未知世界的好奇与探索。每当夜幕降临时仰望星空，那些闪烁的星星仿佛在向我诉说着外面世界的无限精彩。正是这份对未知的向往，点燃了我内心的勇气，激励我逆风飞翔，开启了一段非凡的旅程。

» 01 逆境中的奋斗与成长

曾经，中专“毕业包分配”的承诺如同明亮的灯塔，照亮着通往稳定未来的道路。然而，时代的变迁无情改写了这一规则。但正如那句老话所言：当一扇门关闭时，另一扇窗总会为你打开。面对人生的十字路口，我虽然迷茫而彷徨，但内心的好奇与对自我实现的渴望如同星星之火，开始慢慢燃烧。

就在这时，我在上海工作的堂姐伸出了援手，她的邀请如同穿透阴霾的阳光，照亮了我前行的道路。上海，这座不夜城，以其独有的魅力和活力，热情地迎接了我这位满怀憧憬的外来客。在这里，梦想的轮廓变得触手可及，生活的无限可能也展现在我的眼前。

在表姐的公司，我首次体会到职场的残酷，目睹了内部竞争的激烈。面对现实的打击，我没有选择放弃，而是决定继续学习，用知识的力量武装自己。我坚信，每次挫折都是成长的契机，每次选择都是自我重塑的开始。

逆境是成长的熔炉，每一次挑战，都是自我超越的契机。在专科学校的学习中，我锚定目标死磕英语学习。在我看来，掌握一门语言就是打开一扇通往世界的大门。通过不懈的努力和坚持，我的英语水平逐渐提高。在外贸展会上的兼职工作和教授外国人中文的经历，不仅锻炼了我的语言能力，也让我更加深入地了解了不同文化之间的差异与交融。这些经历如同一把钥匙，打开了我通往更广阔世界的大门。

一个偶然的机会，我在外文书店邂逅了我的第一任老板。这次邂逅如同命运的安排，他看到了我身上的努力和潜力，给了我一个宝贵的外企工作机会。我深知这样的机会来之不易，必须加倍珍惜。

在这个国际化的工作环境中，我如同海绵一样吸收着新的知识和经验，学会了如何在多元文化环境中游刃有余地进行协作与竞争，如何在挑战中寻找机遇、在逆境中坚持不懈。这些宝贵的经历如同璀璨的星辰，为我拨开了前行的迷雾。

每一个不曾起舞的日子，都是对生命的辜负。在逆境中，我选择了起舞，用坚持和勇气编织我的梦想。这不仅是一个关于成长的故事，也是一个关于如何在不断变化的世界中，找到自己的故事。

» 02 婚姻协奏曲：共绘成长篇章

婚姻是一段旅程，它不仅仅是两个人的相遇，更是两颗心的融合，共同奏响生活的交响乐。

2004年遇到了我的丈夫，一个能够让我心灵得到安宁的伴侣。依然清晰记得我们第一次共进晚餐的情景，那是一切美好的开始。我们的婚姻生活，就像一首精心编排的交响乐，它有着和谐悦耳的旋律，也不乏刺耳的不和谐音符。婚后，带着对未来的憧憬和满腔热情，不甘于平庸的生活，上班的同时选择了兼职创业，尝试与他人合伙，不幸的是过于乐观地估计了自己及合伙人的能力，最终不得不面对失败的窘迫与苦涩。

真正的伴侣，是在旅途中无论遇到何种风景都愿意携手同行的人。从创业之初到最终失败，丈夫始终如一地在经济和精神上给予我默默的支持，他的坚定和不离不弃，是我面对困境时最坚强的后盾。他的理解和包容，给予我不断前行的勇气和动力。我们一起经历了人生许许多多的起伏，他的爱于我是温柔的力量，能够促使我穿越暴风雨，抵达宁静的港湾。在我们共同的努力下，我们的婚姻和人生，都变得更加丰富和精彩。

» 03 探索之旅：生命的无限可能

生命是一场不断探索的旅程，每一个新的起点，都是自我超越的开始。2009年末，我们全家做了一个重大决定——举家迁往广州，那座融合了现代气息又宁静祥和的南国花城。对我而言，这不仅仅是一次地理位置上的简单挪移，更是一场心灵的迁徙与精神的觉醒。在这里，我开启了研究生学习的新征程，与此同时，新生命的到来也为我们的生活带来了别样的欢声笑语。

广州，这座充满魅力的城市，如同一座绚烂的舞台，为我提供了更多的可能性。研究生学习充满了未知与探索的乐趣，而新生命的降临则让我更深刻地理解了责任与担当的意义。正是这些挑战，点燃了我内心深处的激情，让我更加坚定地踏上了自我超越的征途。

怀孕期间，我坚持每个周末都去学校上课，风雨无阻。这不仅展现了我对知识的渴望，更是我对自我的一种挑战和超越。也正是这个时候，我邂逅了这本《高效能人士的7个习惯》。这本书如同夜空中最亮的星，照亮了我前行的路。我逐步将书中的方法融入到我的日常生活中，它不仅重塑了我的工作方式，更深刻地影响了我对待生活的态度。

时间就是金钱，我开始认真管理我的时间，让每一刻都闪耀着价值的光芒。我把学习当作一种信仰，一种生活的态度。我深知，只有不断学习，我才能在这个日新月异的世界里站稳脚跟。

七个习惯如同七把钥匙，逐一打开了我人生的新境界。我学会了如何与他人携手合作，如何以乐观的心态面对生活的曲折与坎坷。我更加珍视与家人的相聚时光，懂得沟通与理解的重要性。真正的成功不仅限于事业的辉煌，更在于家庭生活的和谐与美满。

在广州这座充满魅力的城市里，我感受到了面对新生活的挑战与机遇并存的独特韵味。《高效能人士的7个习惯》成为我不断探索的指南针。我会继续秉持这些习惯，勇往直前，迎接生活中的每一个机遇与挑战。

» 04 从妈妈到妻子：多彩的成长之旅

在生活的舞台上，我们每个人既是演员也是导演，只为呈现更好的自己。身为两个孩子的母亲，我不时反思自己在孩子成长道路上的角色，深知自己做得远远不够，渴望成为他们成长路上的引路人，给予他们更多的支持与鼓励。我坚持自律和学习，努力成为孩子们学习的榜样。虽然偶尔也会因自己的不足而感到遗憾，但我坚信，只要不停止努力，就能与孩子们共同成长。

我的丈夫，身为资深广告人，以他出众的才情和创造力，为诸多国际知名品牌打造了无数深入人心的广告策划。他的睿智和他深邃的视野，如同指引我前行的灯塔，在纷繁复杂的世界中为我指明方向。他的生活态度也深深影响着我，让我学会在忙碌的生活中寻找属于自己的那份宁静与追求。在他的引领下，我们全家一起探索生活的无限可能。从高雅的歌剧到狂热的演唱会，从惬意的家庭骑行到充满乐趣的摆地摊，再到直升机上的翱翔刺激……每一次的体验都为我们的生活增添了无尽的色彩与活力。

如今，已步入40+的我，依然保持着对知识的渴望和对生活的热爱。持续通过观看电影、聆听有声书、阅读书籍、冥想以及快步走等多种方式，不断充实丰富自己。虽然有时也会因间歇性努力感到挫败，但从未放弃对自我提升的追求。

我深知自己相当普通，至今依然没有什么耀眼的成就，有时也会与丈夫发生争执，有时也会在孩子面前失去耐心，但我对家人的爱从未改变。我坚信只要持续努力、不断学习进步，我就能够成为更好的自己。

在反思中不断成长、在成长中不断超越自我——这将是我一生的追求。无论是作为妻子、母亲还是一个永不满足的自我探索者，我都将勇往直前地走在成长的道路上。

05 逆风启航：奔赴我的星辰大海

在逆风的方向，飞翔的翅膀才会更加强劲。回望我走过的人生旅程，无论是工作中的拼搏，还是家庭的温馨，抑或生活的琐碎，每一个瞬间都是我宝贵的回忆。我的故事并不惊天动地，但正是这些简单而真实的经历，构筑了我生命中不可替代的财富。

面对未来，我将怀抱着不灭的学习热情和对生活的热爱，不断追求自我提升，努力成就一个更好的自己。希望我的故事能够触动你的心弦，让你知道：无论我们身处何种境遇，都不要放弃逆风飞翔的勇气和希望。因为正是这份勇气和希望，让我们在人生的长河中绽放出独特的光彩，成为那朵不断奔涌向前的浪花。

每个人的故事都是不可复制的，都值得被讲述。我的故事，是关于自我成长和超越的记录。它证明了一个不变的真理：无论我们的起点如何，只要怀揣梦想，坚持不懈，就能够创造出属于自己的精彩人生。

每段境遇都驱使着选择，而我选择了我的选择。这就是我的故事，一个在茫茫人海中不断探索、不断成长的普通女性的故事。它虽平凡，却独特而真实，它属于我，是我逆风飞翔的见证。

江洪安

日拱一卒，
功不唐捐

江洪安

独立商业管理顾问
30 年摄影行业职业经理人
聚焦摄影企业管理实践和行业研究
香港科技大学工商管理硕士
四川大学理学硕士

“日拱一卒，功不唐捐”，寓意着每天的微小努力，如同棋盘上一步步推进的卒子，虽不起眼，却能积累成巨大的成就。这不仅是对坚持和耐心的赞美，也是对人生和事业的深刻启示：成功往往源于不懈的努力和持续的积累。

》01 现实通向梦想的桥，再长也要走下去

故事还要从我上大学开始说起。1986年夏，我从昆明最好的高中考入四川大学物理系。爱因斯坦是我的偶像，成为物理学家就是我的梦想，我注定就是国之栋梁，人中之龙，终有一天会名垂青史。走进大学我才知道世界很大，人外有人，物理系当年入学新生二百多，依高考分数排名我是倒数第三，云南省第一，地区差异不怨我，如今重新站在一条起跑线上，我会加油！

我从不翘课，认真听讲，细致做笔记，按时交作业。在那个年代，晚上经常停电，我书包里总会备两根蜡烛——晚自习做作业不敢停。第一学期结束，六门基础课的期末成绩汇总，我排在班级第27，远比我的期待差，有点受打击。我告诫自己，下学期要把那些做错的地方认认真真补上。第二学期开学，课程表里排的是六门新

课，连老师都换了。我找到老师，问："老师，什么时候能补补上学期考试做错的题？"老师说："你不是考过了吗？过关就不用再补了，大学不是中学，学习方式不同，后面的新课还多着呢！"额，我有点蒙了！就这，就算学会了？就这，就能变成科学家了？

忧虑悄然爬上心头，关于未来的种种疑问开始盘旋：我的梦想可能只是空中楼阁？我是否有能力触及？前方的路，是否会荆棘遍布？凭我自己干想，当然是想不出来的，而想不出答案就更加焦虑。睡不好，吃也不香，上课走神，笔记也不做了。看到同学嬉闹，为什么感觉他这么轻松愉快，是不是我不行啊？按照现在流行的说法：觉醒了但还没通透，肯定痛苦！

"每个人都会对自己的未来进行种种的规划，但是又不敢确定自己的未来是否会如规划般美好，往往因此而痛苦不已。"（戴尔·卡耐基）记得这是在一个毕业师兄摆的旧书摊上，这一行被划过红线的小字，像子弹般穿透了我。我不认识戴尔·卡耐基，但我确定：我就是那个"因此而痛苦不已"的人！花了一份小炒的钱，我买下了这本没有封面的旧书。如果封面还在，也许我就看不到那一行小字划着红线了！书只看了一半，我感觉自己找到了答案："其实，只要你把眼前看得清楚的事情做到尽善尽美，而不要去想远方模糊的事，这就是对自己的未来最好的负责方式。"（戴尔·卡耐基）反复琢磨，似乎最要紧的词不是"远方"，而是"模糊"。我的"痛苦不已"并非来自对未来有所规划，而是不知道做点什么。直白点说，就是我的极端实用主义，只想做能实现梦想的事！

那年我18岁，还领悟不透“福不妄至，功不唐捐，应日拱一卒”的内涵，也没听说过能够延迟满足的孩子，将来会有更好的人生表现。反复比较之下，我决定遵从卡耐基的建议，专注于三件要事：认真上学、当上干部、锻炼身体。我对天盟誓：第一不再挑有用没用，第二要尽全力！

卡耐基说的没错，每当把眼前的事做好，我就向前跨了一步，也会长高了一点，眼睛看得更远，也会看得更清。心无杂念，步步向前，结局果然不差。

1988年固体物理专业从物理系独立，成立了材料科学系，我成了第一任系学生会主席，系团总支副书记。本科毕业后，保送在本系就读研究生。之后留校任教，与父亲一样成了大学老师，一直到1996年。

» 02 走出象牙塔，追求人生无限的可能

我是家里的第三代大学教师，在父辈眼里，传承父业是最佳的选择。可我就不是个安分的人！每每听闻旁人成功的故事，心中便涌起一股焦虑和不安，仿佛自己被时代抛在了后面……

1996年的寒假，美国柯达公司成都办事处，给了我一个试岗的

机会，负责为客户提供冲印品控的服务。凭着搞科研的功底，我上手很快，颇得上司和大客户的赞赏。我再也不想回去做老师了。这是人生中我的第一次主动选择，决绝地离开大学，代价是要扔掉“铁饭碗”。

我嘴上说是孩子出生不久，工资不太够花，柯达给的薪水是学校的十倍。其实更强劲的驱动力来自内心，自我实现的快感。虽然工作压力也大了不止十倍，但经理总是夸我，让我觉得工作很快乐，连周末都喜欢在办公室待着。我也有了很多的第一次：第一次住五星酒店，第一次出差坐飞机，第一次坐大奔，第一次喝人头马，第一次吃到从未听说过的东西……十年身藏校园，猛然释放。

九十年代入职500强，在同龄人中优越感十足，我的偶像换成了“打工皇帝”唐俊。我学历高，看资料快，帮客户解决问题又快又好！我当面指正同事的错误，技术资料倒背如流。听到夸我“厉害”“能干”，我感觉爽极了，心想这应该就是成功的感觉吧！

直到半年后的一次面谈，经理很有技巧的先夸我干得漂亮，再委婉地告诉我，同事们并不喜欢和我共事……我一下子从空中跌进了冰窟，心里的成就感荡然无存。“全都是自嗨！”我既震惊又羞愧，而且很失落，脸红到脖根，心怦怦乱跳。以前我在校园，只需要尽力做好自己，表现出优异，就能做个优秀学生，或是个有才华的老师。而在职场里，如果我只在乎自己的感受和荣辱，既会因为患得患失而无法用尽全力，也不可能得到协助，何来尽善尽美？至此，我才开始意识到，职场不仅仅是个人能力的展示，更是团队协作和人际交往的舞台。我给自己定了三个目标：持续成为技术专家、成为领导者、要有利他之心。

28岁那年，我第一次听到了“领导力”。我必须先从学习倾听开始，训练自己接受和包容不同的声音，主动去体会对方的感受，表现出对他人的尊重。我发现在坚持己见的同时，同样能获得更多的认同。我学习调整观察角度和思路，努力挖掘能实现双赢的机会。进入“自我修正”模式后不到1年，承担了技术难度最大的产品系列；2年之后我升了职；再2年之后，我有了自己的团队；又过了1年，我进入了核心管理层，之后便是一路高歌跳跃。

这世间的快慢一定是相对的，我选择胜算更大的稳扎稳打，慢下来也许才是最快的方式。卡耐基能让我平静，而机会总是不可预知，但只要我专注于当下的尽善尽美，耐心的积累就是最好的准备，就能在机会来临时抓住它。

» 03 四十不惑，从逃离舒适区开始

争取的过程很精彩，得到了往往就会趋于平淡。二十年前500强高管的稀松日常，在旁人眼里是精英人物的美好时光。然而前呼后拥的浮华过后，我心里却是觉得空落落的。我明白，有一天失去了

职位的光环，什么都不会剩下。

2008年汶川地震，北京奥运，这年我满40，不惑。按照常规，我可以一直在外企等到被退休，就能得到一笔补偿金，退休生活也是衣食无忧，但高不成低不就，越近中年，对危机越是敏感。

第二次主动选择，打破的是旁人眼里的“金饭碗”。从500强空降民企，有多年的行业经历打底，我应该算懂行；目标企业是我的客户，与老板的关系不错，也能算是知根知底。然而剧情并没有按照我的剧本发展。我低估了服务行业的复杂程度。因为不了解服务顾客的细节，所以面对一线突发状况，我往往束手无策。我本以为学历和管理经验可以降维打击，但现实中同事和下属根本听不明白我的表达，因此工作推进屡屡受阻。

我当然不会选择退出，我要走出舒适区，改掉自己说话时的外企味儿。谁听到我说话夹英文，就罚我请吃午饭。我认可“解决方案只在一线”，我做减法，远离其他诱惑，遇事必定要下一线，请教员工，看细节，听反馈。“尽善尽美”，我做加法，对自己多一些要求，让伙伴多一点收益；“不去想远方模糊的事，专注眼前看得清楚的事情”，我做的是加减法，少看一点眼前的盈亏，多加一些不倦的耐心。

量的积累总能带来质的飞跃，当我走出舒适区，我发现学历和经验，真正地成了我的优势。我能看得更透，抓得更准，考虑得更周到，解决问题时总会更显高效。

2010至2011年，我一边工作一边前往香港科技大学，完成了第二个硕士学位。与年轻时的求学经历不同，当这所全球排名前三的顶级EMBA向我扑面而来的时候，我把自己塑型成“超级转换器”：把所学结合行业实操，拟成了12门课程。这是摄影行业第一套完整的管理干部课程。我在集团内部开设干部学堂，传授、实操、修正、再传授、再实操、再修正。如此往复。历时二年，有一百多名干部接受了系统的管理培训。

“只有发展人，才可能持续地发展业务”。同事们在进步，公司在成长，我在升华。我们一起创造过很多个行业内的第一。第一个标准化建设模型、第一个技术培养计划、第一套质量管理方法、第一套绩效管理方案、第一个电子商务模型……仿佛冥冥中终有注定，这次成为“超级转换器”带来的功力增长，也将成就我今后十年的事业。

二十八年来，我亲身见证过摄影行业的舶来、生根、发展和蜕变。经历不同的工作岗位，又让我从不同的角度去观察和触摸她。婚纱摄影是刚需，生机盎然，对年轻创业者而言充满机会。但竞争激烈，也遍地是坑。寻求获取新客的途径，平衡网络与线下的关系、拿捏淡旺季不均与产能分配的矛盾、处理技术稳定与创新潮流的矛盾、协调标准化与个性需求的矛盾……我的经验和工具一定能帮得上忙。

2017年，我化身独立管理顾问，开始入企辅导。走南闯北，分享指导，收集反馈，研究信息，验证经验，优化工具。一年中坐了180多趟高铁，坐经济舱飞成了白金卡，再也不会有人能如我一般地深度钻研这个行业。

当年离开柯达之时，我曾有一个愿望：期待有那么一天，没有职位和品牌的光环，仅有自己，也能赢得同业的尊敬。现在，我已经成功走完了第一步！下一步的选择是，跟K叔学做IP，我想把成果更高效地传播。

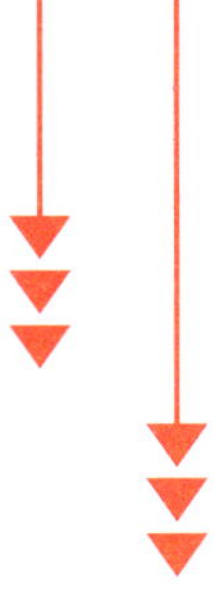

余先丹

人生最好的成长
是自我精进

余先丹

财务经理，正在考注册会计师的奔四宝妈
服务北京、海南、香港、深圳上万家公司的注册记账
以终身学习状态，在职业生涯中不断进步

作为一个普通的“80后”女性，我跟其他女性没有什么区别，正常结婚、生子，不过我属于晚婚晚育的那一类。到现在为止，我们家宝宝还没有上幼儿园，很多同龄的女性家里孩子都上初中了。工作上也不算很出彩，是一家很小的公司的财务经理。财务工作也干了10年了，就是一份平凡而又普通的工作。

平凡的人生中，也有几件让我印象深刻的事。希望我的经历或者阅历能够对其他人有所启发，能帮助遇到同样问题的人走出迷茫。

» 01 用知识改变命运

作为一个地地道道的从农村出来的孩子，我无法改变我的出生环境，这个大的现实环境就摆在我面前。很多时候我会羡慕那些生活条件好的孩子，羡慕只是一时的，毕竟那不是自己的条件，我只能根据自己现有的条件达到自己的目标。很多时候都无法正视自己的问题，我习惯逃避，但逃避不是解决问题的方式。比如，我参加工作以后觉得工作不太适合自己，但我没有马上辞职，因为我知道那个时候辞职根本不会带来任何变化，工资待遇是不可能达到自己的预期的。所以那个时候我还是正常上班，工作之余我学习财务知识，想着一定要考取会计从业资格证，这样我就可以辞职，然后开始另外一份工作。虽然说隔行如隔山，但是只要有决心，有毅力，不放弃，那么最终就一定会有结果。通过学习两年的财务知识，我顺利通过了会计从业资格三科考试，拿到会计证的那一天，我很开心，明白这是另一份工作的起点，同时也是这份工作的终点。后面我果断辞职，跟过去的工作说再见，迎接另外一个行业的挑战，也算是中途成功转行。

» 02 不断学习成长，实现新的目标

当初半路出家选择财务这个行业，其实是没有太多竞争优势的，专业能力不够，只能从零开始学习。最开始什么都不懂，什么都不理解，那个时候只能先靠死记硬背考下资格证，等证书下来以后，第一时间辞职。但是刚开始没有任何的经验，入职都是一个很大的问题，没有任何一家公司会聘用什么都不会的新手，公司不是培训机构，需要员工能创造价值。当时我处处碰壁，但是我一直没有放弃。那个时候还不能告诉身边的家人和朋友我的实际情况，不然他们一定会觉得我疯了。就这样，大概过了半年的时间，我入职了一家公司，那个时候遇到不懂的问题就往税务局、工商局跑，找各种老师，时间久了，再碰到相关的问题自己就会解决了。那个时候同行的老财务不一定什么都告诉我，我只能厚着脸皮一次又一次麻烦

人家。现在回想起来，很感谢曹利波、吕香丽、李霞、刘万成等老师。生活中总会遇到很多愿意帮助自己的人，真的很感谢身边的亲朋好友。

就这样，我一直在深圳做财务工作，不断学习，因为这个行业需要紧跟国家的政策走，需要一直学习，不然就会跟不上时代的脚步。同时我要求自己要保持学习，工作之余还要考证，中级、高级资格证已经到手，终极目标是注册会计师证书，这也是我的下一个目标，虽然知道很难考，但是我不会放弃，我会坚持去考，总有考下来的那一天。

03 人生有太多的欲望，要有所取舍

现在觉得人生有太多的选择，反而不知道选择什么了。同时也有太多的欲望。就跟去超市一样，有太多的零食供我们选择，这个也想要，那个也想要，最后买了太多的零食，其实自己喜欢吃的也就是那么几个而已。其他不喜欢吃的买回去就一直放着，丢了吧，觉得可惜，因为毕竟是花钱买的；不丢吧，又觉得占用了自己的空间。很多时候，人生也是一样。什么样的人生算是成功的人生呢？每个人对成功的理解都是不一样的，就我个人来说，我觉得家人健康，有点小钱，情绪稳定，事业稳步向前就算成功。要好好珍惜自

己已经拥有的东西，能做到取舍有道就可以了。

欲壑难填，现在很多人之所以会被骗，不是因为他们不聪明或者分辨不清，是因为他们内心有太多的欲望。很多时候就是这样，如果自己不想从其他人或者其他地方得到什么，那么大概率是不会被骗的。天上是不会掉馅饼的，就算掉下来馅饼，也不会无缘无故砸到自己的头上。面对诱惑的时候一定要多留一个心眼，发现自己被骗了要及时止损，不要一味地自欺欺人。

» 04 人生是一个综合赛道，需要均衡发展

我的初中数学老师曾经讲过一句话：人生是一个综合赛道，包含健康、婚姻、事业、家庭、子女等，不是看哪一项取得了最高分，而是看平均分的，需要均衡发展。意思就是各个方面都要均衡发展，不能为了其中一项或者两项把其他几项都不要了，否则就不是一个完整的人生。以前我不太理解这句话，后来随着时间的推移，慢慢就理解了。文化需要一代又一代的人来传承。人的一生其实很短暂，很多重要的事情一定要完成，不重要的事情可以忽略。以前很多时候我不太理解父母，还会抱怨他们。生了宝宝以后，自己更理解父母了。所以我们一定要好好孝顺自己的父母，多陪陪他们，毕竟我们小的时候他们也曾无条件地爱过我们。

05 女性需要独立，尤其是经济独立

我们生活在一个很好的时代，国家强盛稳定，可以选择自己的工作事业。比起以前的女性，现在的女性有更多选择的权利。这已经是很大的进步了。

女性一定要有自己的一份工作，要有事业，有一定的赚钱能力。哪怕这个工作挣不了什么大钱，也实现不了财务自由的梦想，但是会让女性觉得自己有用，觉得自己还是为这个社会做了一份贡献的。我身边很多全职太太天天都在很辛苦地为家庭做奉献，但是我总觉得她们的生活好像少了些什么。人生不能全部被家庭占据，至少要有一些属于自己的空间。在一个家庭里面，谁赚钱多，谁的话语权就大一些。女性不能总是被动接受，主动权要掌控在自己手上。

现在我是一个小公司的财务经理，主要为北京、深圳的公司提供财务咨询等服务。同时我也是一个学习者。时间对每个人都是公平的，希望我们每个人都可以日日精进，早日实现财务自由。

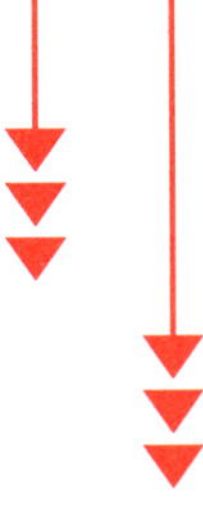

素卿

践行圣贤智慧，
你的人生也会逆风翻盘

素卿

海南大学法学硕士

高级心理咨询师

帆书 & 良心网双平台认证国学讲师

三次职业跨界成功实战者

帮助 200+ 书友提升内心力量，开启高能量生命

致力于帮助全球 1 亿家庭践行中华优秀传统文化智慧，

活出心想事成的五福人生

» 01 家人团圆是我的人生主旋律

我叫素卿，来自山东一个县城的普通家庭，家中姊妹3人，我排行老大，因此，从小就落下一个爱操心的毛病。

小学三年级的时候，因为家中孩子多，养育成本太高，父亲辞职下海，来到山东东营胜利油田所在地做生意。四年级的时候，母亲也跟随父亲一同经营，我们姊妹3人交由姥姥照顾，每天我负责骑车带着弟妹上学。五年级的时候，弟弟也转学到东营，只留我和妹妹在老家读书，我俩便成了留守儿童。虽然父母不在身边，但是父母给予我们的爱一点也不少，不管多难，都保证我和妹妹能够上学，甚至我们小学期间就独自掌管生活费用。

随着年龄的增长，加之作为女孩子的缘故，父母终究还是不放心我们，于是我和妹妹的初中、高中都是在寄宿学校度过的。高中时，我的成绩一直忽上忽下，父母就联系莘县最好的高中之一，高二下学期我转学到莘县实验高级中学。入学第一次考试，班级排名第83名（全班96名学生），经过一年半的学习，逐步稳定在班级第42名。

高考后，我选择父母所在城市的一所高职院校学习。在父母身边的3年大学生活过得有滋有味，不仅每周都可以回家见父母，还在班级里担任了团支部书记、学生会生活部部长，并且第一个入了党。时间如白驹过隙，3年的大专生活马上结束，在周围专升本的氛围和父母的支持下，我加入专升本大军，挑灯夜战3个月后，成功考入山东财政学院会计专业，辅修金融学专业，最终获得双学位学士。大学这两年同班同学都非常努力，有的考下了注册会计师证书，有的考上了公务员，有的考上了研究生，大部分都进入了金融系统工作。闺蜜失恋，我不放心她，所以陪她考研，一开始是陪考，后来被考研自习室的氛围所吸引，也一头扎进考研队伍中，经过5个月争分夺秒的奋战，我终于上岸。成绩虽然不错，但因英语受限，与中国石油大学（华东）失之交臂，被调剂到海南大学。这对于从小离开父母的我来说，内心是非常煎熬的。这是一种什么样的感觉呢？原来只想守在父母身边，结果却被“发配边疆”，坐飞机都要4个小时。我当时就崩溃了，不想再继续读了，就想在本地就业，但是父母都极力反对，鼓励我说既然考上了就一定要继续读，读完研究生就不一样了。爸妈商量后，妈妈立即订了两张飞往海口的机票，陪我参加研究生的复试。结果一切如愿，我顺利进入海大就读研究生，其间幸遇名师张云阁教授的指导，还找到了人生的另一半。毕业后，我放弃了海南留校的机会，义无反顾地回到父母身边，参加工作，紧接着结婚生子，生活幸福安逸，一切都是那么美好。

» 02 挫折与苦难，不过是上天赐予的礼物

现在回想起那段幸福到极点的经历，不禁手里捏着一把汗，正所谓“盈满则亏，物极必反”。那是2015年11月15日，我记得非常清楚，那天是来暖气的日子，也是周日，天气骤冷，我和弟妹在厨房做饭，弟弟在卧室里玩游戏，爸爸在客厅里看电视，正在犹豫要不要做汤，爸爸爱喝汤，想问问爸爸的意见，叫了几声“爸爸”，没有回应。弟妹出去一看，说：“爸爸你怎么了？你们快来……”我们急忙出去一看，爸爸只瞪着眼睛看着我们，接着身子就要歪，弟弟急忙过去托住，我抓紧打120。由于没有经验，只想让爸爸抓紧进医院，就选择了最近的医院，没想到诊断不出病情，爸爸的病情很严重，转院后专家才确诊病情，诊断为突发性脑梗，但是已经耽误了溶栓的最佳时间，爸爸住进了重症监护室。

接下来的日子可想而知，家里乱成一团，所有人都日夜不停地在医院蹲守，生意无人打理，上班的也都请假。病危通知书一遍又一遍地传来，我们一家人的心一次次被揪起来，妈妈哭得瘫软在地上。重症监护室一天的医疗费高达3万元，好在爸爸住到26天后病情得到控制，可以转入普通病房了。随着爸爸的治疗时间加长，虽说家境还算富裕，但面对这么一大笔医疗费，全家人还是被深深刺痛

了。一边每天在医院里跟进爸爸的病情，下午定点为他擦洗身体，一边还要盯着账户里的余额，唯恐余额不足被迫停止治疗。好恨自己工资总是月月光，没有攒点钱，如果每月攒5000元，工作5年，也是一笔可观的存款。一刹那，我才猛然意识到钱的重要性，只要有钱，我就能救爸爸。人的崩溃其实就在一瞬间，人的无奈是，当最爱你的亲人需要你帮助时，你却捉襟见肘，不知所措，没有承担的能力。我扪心自问，追悔莫及，一下子长大了。还好上天庇佑，每次在弹尽粮绝时，账上都会有回款，一直支撑到爸爸转入普通病房，那段时间真是我人生的至暗时刻！

随之就是重点观察期，转入普通病房虽是幸事，但对病人家属来说是莫大的挑战。一家人轮流值班，24小时守护，每隔两小时就要拍背（以防止肺部感染），而且要定时吸痰。这么一天天熬下来，全家人肉眼可见地瘦了一大圈。三个月后，爸爸的病情终于稳定了，身体也慢慢恢复过来，精气神慢慢足了，终于接到主治医生的通知，可以转康复科治疗。近年关时，爸爸说想回家过年，医生看爸爸身体没问题，于是同意办理出院手续，终于能够回家了。爸爸特别开心，这是他生病入院一年多来第一次回家，心情特别激动。过年时有好多亲戚来探望他，也带来了好多关于康复医院的信息。经过家人商议，年后我们便带爸爸踏上了异地康复的治疗之路。先到首都医科大学宣武医院，考虑到爸爸的病情严重和康复时间较长，医生建议回本地康复。接着又到天津租房一年，在天津中医药大学第一附属医院做针灸治疗。自从爸爸生病入院后，我请假特别频繁，刚开始领导和同事还能包容理解，随着请假的次数越来越多，同事们也有特别大的意见，经过一段时间的考虑，我决定好好陪伴爸爸。我不想留下“子欲养而亲不待”的遗憾，于是2017年5月，我打了辞职申请，之后又陪爸爸在山东大学齐鲁医院做康复治疗，直到疫情来临前。

感恩上天让我经历这些，父亲得病初期，我心里特别不能接受，也曾责怪上天为何让父亲得病，破坏了我美好的生活。但是现在的我，懂得了一切都是最好的安排，你所经历的磨难都是上天赐予的礼物。回想父亲生病期间我在医院陪护的日子，正因为看到了太多的生死，看到了人间百态和人性的善恶，经历过时间的沉淀，经历过生离死别，经历过人情冷暖，我才真正敬畏起生命，体会到人生的内涵，内心的需求变得更为清晰。

» 03 种下智慧种子，收获五福人生

疫情暴发后，大家都在家里隔离，也是从那时起，我的心慢慢静下来，开始在微信读书上阅读。一开始，读一本书需要半个月甚至一个月，后来速度越来越快，而且我也开始读实体书。仅2020年一年，我在当当网和本地实体书店万叶书城买书的消费支出就破

万元。

我的命运转变来自一本书，书名叫《了凡四训》。《了凡四训》被誉为东方第一励志善书，与《曾国藩家书》共同被称为“一书一训”。曾国藩中年时改名为涤生，即出自《了凡四训》的“从前种种，譬如昨日死;从后种种，譬如今日生”。他将《了凡四训》作为教育子侄后代智慧的必读书目，可见这本书对他的影响之大。

我是在行动派的读书会上与这本书结缘的。后来发现这本书在世界范围内影响都特别大，就连日本著名的实业家稻盛和夫都深受其影响。稻盛和夫先生成功经营两家世界五百强企业，又拯救了一家世界五百强，奇迹人生背后有很多中国传统文化的根，而其中之一就是他力荐的《了凡四训》。他将《了凡四训》作为人生指导，说自己在思考生命意义的时候，是《了凡四训》让其顿悟。

《了凡四训》被称为励志善书真是当之无愧。自从读完这本书，我就带着诚心去践行，我的生活因此发生了翻天覆地的变化。受了凡先生人生经历的影响，2020年我也发愿进入政府部门工作。我记得，当时政府的招聘要求都是应聘人员年龄不得超过35岁，而我还有几个月就要超龄。神奇的事情发生了，有个街道发出了招聘计划，而此时的我正好符合要求，于是马上报名参加考试，考试时才发现只有我是硕士研究生，最后结果可想而知，我顺利进入街道工作。之后，我愈加坚定地践行书中的智慧。更加不可思议的是，国家招聘政策将年龄放宽至40岁，于是我有机会报名参加更多岗位的考试。

2021年12月底，我顺利通过考试进入开发区管委会工作至今。

2022年至今，是我开启知识付费学习的爆发期，也是我自律成长的蜕变期。从早上起不来，做事拖拉，到现在每天早上5点多起床阅读、学习，从原来的“懒癌”患者到现在每天早上练习八段金刚功，从原来害怕改变到现在积极主动寻求改变，我收获了一个全新的自我。

在工作中，我锻炼了组织统筹、协调合作、决策沟通、学习创新等能力。在工作之余，我每天坚持阅读，目前已阅读100余本书，熟练背诵《道德经》81章全文，同时申请了美国加州大学心理学硕士（在读），先后学习了超级笔记、项目统筹、读书会领读人、心力能量课、金刚智慧、《道德经》等课程。随着对技法和心法的深入学习，我亲身感受到自己的内在力量越来越强，工作氛围非常融洽，生活也找到了“家庭和事业”“热爱和职业”“自由和修行”的平衡之道，体验到《了凡四训》书中所讲的当下五福临门。

中国的古圣先贤已经用时间和体证帮我们总结了生命的真理，如今我也已经帮助200+位书友践行圣贤智慧，把“高能耗生命”转换成“高能量生命”。

2024年，我再次发愿能够进入教育行业，全身心投入中华优秀传统文化的传道授业解惑工作中，为新时代教育事业的高质量发展略尽薄力，同时期盼能够成为中华优秀传统文化走向世界的亲历者。展望未来，我希望能够致力于帮助全球1亿家庭，通过践行中华优秀传统文化智慧，活出心想事成的五福人生。

在自己的心中种下一颗智慧的种子吧，请相信，种子虽小，果实却很大。如果你能领悟到中华优秀传统文化智慧的奥妙，坚定践行智慧，勇敢追梦，你的人生必会逆风翻盘！

南山姜花

姜花想要出本书

南山姜花

桦辰传媒创始人
桦辰云想文学院创始人
《南陌落花闲》公众号
“生姜花”专栏作家
RYT200 小时瑜伽教练
高级美发师
10 年 + 优秀志愿者

“姜花想要出本书”，有这个念头后我问自己你凭啥？凭你疯子一般，女人45岁还辞职创业自媒体？凭你遭遇诈骗、投资失败、辗转病榻之后还死要面子苦撑？凭你深陷官司，生活如乱麻，你依然很爱它？还是凭你曾屈从于命运摆弄，在越是认命越被命运暴击之后，越挫越勇绝地反击？

有这些原因，但事实远不止如此。我更深层的诉求一是感恩，感恩于所有帮我走出低谷的家人和友人；二是记录成长，作为草根我竭力拉近与学霸的距离，从初中到汉语言本科、跑步参加半马、练瑜伽培训瑜伽老师、做义工组织志愿者活动、爬山攀岩学播音参加宣讲；三是激励年轻人，人生路上总有挫折，只要能抬头就会有阳光，希望我的故事能感染到你的意识：只要付诸行动那就万事可期。

» 01 想要把握命运，唯有自救

生平关于疾病的最早信息是，老妈抱着6个月的我从医院回到家，爷爷说：“凑合养着吧，说不定能养活大。”身体原因让我习惯于形单影只，别人嬉闹我捧着书，书中的颜如玉给我展开一幅辽阔天地。父亲的形象并不高大，家里遇事，小声啜泣和大声号啕的都是他。原生态家庭的层层桎梏深入骨髓，让成年后的我依然会在午夜梦醒时泪流满面，为那个在我15岁年纪就吝于学费不让我读书的父亲。这心结直到我经历磨砺才理解：父亲的选择已经是他认知里的最优解，所以读书改变命运引发的故事亘古不息。

18岁的我开始思考可以做什么。那时，我的投稿有发表于《涉世之初》杂志，有同学约我参加自考汉语言文学，可开始的豪气却没能认真到底，败给坚持。

老妈从未教过我使用钩针，但我看着图纸就能打出新样品，因此，19岁的我获得了人生中第一份正式工作，赶去潍坊抽纱厂。工作稳定后，在我想计划未来时，连续几个熬夜加班，我出现在潍坊人民医院，结束了我还不想醒的梦。

22岁的我第一次找对象，我和他彼此坦诚，相互描述自己身体可能出现的问题，之后开始正式交往。婚后意外怀孕，儿子是意外之喜。现在，儿子多项能力优胜于我，我心欣慰。转年2005年姥姥去世，老妈病倒。老妈强忍痛失至亲的苦楚，迎头碰上来自亲兄奶弟的恶言相向，食不下咽，夜无安寝，几次三番自寻短见，直至去康复理疗医院。彼时走在四壁萧然的院落，我身心俱疲，举步维艰。

母亲濒临崩溃，父亲哀哀欲绝。家中无男丁，重担压我肩。我也曾奢望过天降神兵，可最后只是南柯一梦，迎接我的是一波又一波的苦痛。我的踯躅不前，阻挡不了遭遇悲惨，时光疾驰。泪眼蒙胧之后我认清：想要把握命运，唯有自救。

次年，母亲治愈归家，让我得以喘息。再隔一年，缺乏沟通多次争吵的他和我跌跌撞撞走出建设5年的围墙。过往经历告诉我：无论顺境、逆境都伴你左右的只有父母，不管对错都支持你选择的只是孩子。而父母年渐衰老，孩子嗷嗷待哺。父母与孩子合力驱逐了我的生无所恋，重新勾勒出我梦想的雏形，并使我持续为之努力且甘心情愿。

» 02 增加收入的最直接方式，就是做销售

养家是需要钱的，要增加收入最直接的就是做销售。2009年正月我到一保险代理公司应聘，开始跑保险。在当年举办的保险行业全国征稿中，我的《美丽女人的保险路》荣获二等奖，刊登在《保客》杂志。那时我听过很多励志演讲，相信做销售可以让人快速成长实现梦想。我从一个个陌生拜访开始一点点积累，一步步锻炼，并在老妈的鼓励下，从心血来潮到有规律地做义工：给七甲敬老院的老人义务理发，坚持至今。其实潜意识里我希望通过自己的方式为父母家人多多积福，不求长命百岁，但求活着的时候无病痛所扰。

此时妹妹的后院开始亮红灯。父亲看着住娘家的我俩，打着“不能两个闺女都离异”的旗号拒绝饮食。眼看妹妹的婚姻无法继

续，父亲对我曾经的婚姻剑有所指："总不能两个外甥，一个完整的家也没有吧？"于是2010年，我的前缘重续，一直续到2018年。

当原生家庭和婚姻关系都无法给你生活的底气时，你将愈加珍视自己的努力和学习力。2012年，机缘巧合下我应聘到上一个工作岗位，得益于这份工作关系，结识了许多大佬。因为和这样的人接触久了，我个人感受最明显的是眼界打开和认知突破。因为一个人要想稳坐高位，掌控权力，那他所具备的胸襟、格局、眼光、胆识，待人接物的方式，与上下级的交流语气，对业务的把控能力，在其位谋其政的本事，自然是常人所不能及的。

在岗位的12年中，我自己更加坚定自信，懂得自洽且愈加自强。而这样的职业经历和社会经验的累积，其背后所映射出的长期价值，不是简单地用金钱就能够比拟的，我感恩无比。

利用闲暇，我边书写边做保险业务，并开始把健康郑重地提上日程，开启12年的多领域涉猎——自学到汉语言文学本科，修完美国瑜伽联盟200小时，培训瑜伽老师，教授瑜伽会员超过1000小时。我利用周末做志愿者组织义工活动，十几年间除却不可抗力原因未曾懈怠。我让自己从跑一公里都气喘吁吁到半马安全完赛。

我以为属于我的阳光，终于开始照过来，可顺心的生活却被诈骗以及诈骗后的连锁反应所暴击。

在2021年兼职瑜伽课时，我认识了一位瑜伽店主，被设计进局。对方打的幌子，是我作为家庭主力，该为父母和孩子多做努力，买养生课、买保健品，交出33万，后续尾款20万，又因此事牵连，我订下一栋房，预付款46万打出去。当发现被诈骗，报案追讨到最大退款额时，已订下的房子因地产不景气，对方没钱支付。我信了其协议承诺：以为最晚2023年6月，尾款就能到账。

» 03 当事业和父母同时摆在面前，我选后者

凡事不坐等。我开始接触短视频和直播，从瑜伽体式分享到口播文案，拍摄剪辑屡有成效.于是多方学习短视频架构和底层逻辑，死磕直播运营大数据，找到合作的文化传媒公司，到2023年3月我辞职开启创业模式。

可老天为让我能成大事，再次用磨难助我一臂之力。

公司刚有了名字，我的健康就告急。因为心脏畸形，高速公路上的我险出事故。检查出结果后，医生告知必须马上手术。待我出院已是5月底，在等待康复的日子里，我的母亲慢慢出现状况：从频繁健忘开始到两次脊柱骨折，再到逐渐的多种大病缠身，情志病与器质病共存。

此时，退房款却并不履约，我唯有等待。公司合伙人撤退，项目搁浅。危急中，众多朋友多方位伸出援手，帮我调整赛道：一边打工一边坚持做业务，不放弃自媒体。互联网不但是趋势，也给我

的生命赋予了更大意义——成人达己。

当事业和父母同时摆在面前，我选后者。没有对错，只是取舍。多少个彻夜未眠里，我那尽心尽力爱我护我的母亲，对我全部包容无限维护的母亲，她声音颤抖、字不成句、满眼焦灼、肢体僵紧、绵软无力……我尽量让自己笑着问，轻声说，我尽量坦然如常地去握她的手，搂她的肩，我颤抖着去接触她层层褶皱的皮肤下那流水一般的肌肉，数次无声哀号。

我无比懊恼，我接受不了，我更无可奈何啊！母亲一边问："我的病啥时候能好啊？"一边又跟我商量："我真的难受啊，你就让我走吧，好不好……"

我哀叹命运不公，为啥才给生活露出一点光，就又是淫雨连天看不到边？

2024年3月，退房尾款最大限度到账，我接受了母亲万变的健康状况，新媒体运作转机频频，我开始对着镜子练习微笑。

其实命运与我们同属天平两端，你若示弱就越来越低；倘若你不低头，每一个倔强都在推你向上走。我感谢生命历程中的所有人和事，我相信我的命运可以因我的选择和持续努力而改变。这份相信源自于每个人的心底都有一个信仰。信仰不尽相同，可忠于信仰的程度却一样坚定。

行走于不同的江湖，能够把握住自己的尺度，不跳出世俗的范畴，又能秉承自己的方针步骤。这个度，想拿捏得当，十分不易。

也正因为难度巨大，怎么样活出自己的独特之处，就成了一个永恒的主题——往小了说叫自我，往大了说叫风骨。

我把这些人们共同的信仰，归为文化范畴。我认为文化层面上，可实现人人平等。鉴于此，姜花想要出本书。姜花，来自中国百强县的山东省龙口市，属于姜花的故事未完待续。

赵道华

人生三刀，雕琢灵魂

赵道华

45 岁，石油集输工技师
乐观开朗，踏实肯干，热爱生活
对完善成长体系充满热情
家中顶梁柱，暖心奶爸，事业家庭双丰收

始终追求个人成长与进步，期待与更多人交流互鉴，共创美好未来人生，就像一场漫长的旅程，其中充满了未知与挑战。对我而言，三次手术的经历，不仅是对身体的考验，更是对心灵的洗礼。它们像三盏明灯，照亮了我前行的道路，让我更加深刻地理解了生活的真谛，改变与重塑了我的人生观、世界观、价值观。

» 01 一次意外，一生教训

男生年少的时候都有一个英雄梦，不说能创造一个伟业，但总觉得像关羽那样“刮骨疗伤”我也能行。但真遇到事，才知道完全没有想象中那样精彩。后来发现在人生的旅途中，我们总会遇到各种各样的经历，它们塑造了我们，让我们变得更加成熟和坚强。对我来说，初中的那次手术，就是一次深刻的教训，它让我学会了更好地正视自己，接纳真实的自己，照顾好自己。

1995年上初中时，有一天，我蹲在书架下面，沉浸在《海底两万里》的奇幻世界中，真是太有趣了，时间仿佛静止了。我完全忘记了周围的环境，也忘记了身体的需要。不知过了多久，也许是想喝水，或者是想上厕所，我突然起身，可能是因为太过急切，起身的动作过于猛烈，大脑瞬间缺血，我失去了意识，感觉身体一软就站不住了，直接晕倒在地。

当我再次醒来时，已经是在医院的病床上了。现在回想起来真是有趣，人生的第一次手术，没有焦虑、恐惧、激动或者挣扎，甚至没有疼痛就完成了。周围是医生和护士忙碌的身影，还有父母焦急的面容。我的嘴角被缝了许多针，已经包扎好了。这才知道，我摔倒的时候正好碰到床沿，嘴角直接撞开了，血流如注，家人急忙把我送到医院，还好离医院只有50米，打上麻药就进行手术了。当麻药效果退去那一刻，我感到了前所未有的疼痛和懊悔。

回到家后，妈妈担心坏了，她不停地询问我的身体状况，叮嘱我要好好休息。我也开始反思自己的行为，意识到自己缺乏足够的注意力和自我保护意识。从那以后，我再也不敢长时间保持一个姿势不动，每次蹲起都会特别注意对速度的控制。

这次手术虽然让我遭受了身体上的痛苦，但也让我收获了宝贵的人生经验。原来我就是一个普普通通的人，很容易就会受伤，甚至会死亡。我学会了关注自己的身体需求，更加珍惜生命中的每一个瞬间。我明白了健康的重要性，也学会了更好地照顾自己。

这次手术就像是一道分水岭，将我的人生分成了两个阶段。之前的我懵懂无知，只知道追求自己的梦想和兴趣；而之后的我则更加成熟和稳重，懂得如何平衡生活和学习的关系。这次手术不仅让我学会了克制和自我保护，更让我深刻地认识到生命的脆弱和珍贵。

在后来康复的日子里，我继续珍惜生命中的每一个瞬间，关注自己的身体健康和心理健康。认识到健康的重要性后，我开始锻炼身体，直到第二次手术前，我都喜欢打乒乓球、踢足球、打篮球等运动。我相信只要我们保持警觉和自律，就能避免很多不必要的风险和挑战。

» 02 滑雪的代价：勇敢与莽撞的界限

尽管有过一次手术的教训，好些地方我都处处小心，但意外还是不可避免，第二次手术悄悄地到来了。2008年的冬天，我和同事们一同前往辽阳弓长岭滑雪，那次旅行充满了欢声笑语和期待。自助餐、泡温泉，以及那白茫茫的滑雪场，都让我们兴奋不已。尤其是滑雪，那是我期待已久的活动。

我们租好装备，迫不及待地冲向滑雪场。初级雪道上人头攒动，为了寻找更多的刺激，我和几个伙伴选择了中级雪道。雪道上的风景确实更加壮观，但挑战也随之而来。

往下滑时，速度越来越快，我努力地保持着平衡。但意外总是在不经意间发生，我压到了一个雪包，整个人瞬间飞了起来，随后以一个十分诡异的角度翻了过去。那一刻，我感到了前所未有的恐惧和疼痛，几乎无法动弹。

同行的伙伴们见状，立即叫来了医疗人员。他们紧急将我抬出滑雪场，送往医院。一路上，我的脑海中不断回荡着医生的话："十字韧带断裂，建议手术接上。"这让我对自己的莽撞行为深感后悔。

手术在沈阳的医大二院进行，手术期间的疼痛让我难以忘怀。每当夜深人静时，我都会想起那次滑雪的经历，心中充满了懊悔。我开始思考勇敢与莽撞的界限，意识到自己在追求刺激时忽视了安全的重要性。

这次手术不仅让我承受了身体上的痛苦，更让我在心灵上得到了成长。我学会了在追求梦想和享受乐趣时要保持冷静和理智，不再盲目追求刺激和冒险。比如享受骑行，除了做好防护外，还要控制好速度，在25码时，基本来得及作出反应和处理突发情况；超过40码的时候，基本上处理完也会受伤；超过60码的时候，上帝就在向你招手了。我明白了，真正的勇敢不是无所畏惧地向前冲，而是在面对挑战时保持冷静、理智和勇气。

那次滑雪的经历虽然让我付出了惨痛的代价，但也让我更加珍惜生命和健康。在未来的日子里，我会更加注意自己的安全和健康，不会再因为一时的冲动而做出不明智的决定。同时，我也希望每个人都能从自己的经历中汲取教训，学会分辨勇敢和莽撞的界限，珍惜自己的生命和健康。

03 甲状腺癌的反思：对生命的再思考

2021年，我经历了一次意外的职业病检查，结果让我陷入了深深的恐惧和不安。医生告诉我，我的甲状腺结节异常，尿黄严重，身体存在炎症。这些看似平常的症状，背后却隐藏着巨大的隐患。

面对这一突如其来的消息，我选择听从医生的建议，进行更深入的甲状腺检查。抽血、化验、拍片、磁共振检查……每一次检查都像是对我生命的审判。当大夫建议我住院手术时，我感到了前所未有的无助和恐慌。

在盘锦，甲状腺癌的死亡率居高不下，这一事实让我更加担忧自己的身体状况。我不断地问自己：为什么会是我？怎么就得了这样的癌症呢？那段时间，我的脑海中充满了对生命的思考和疑问。

然而，我知道我不能被恐惧和不安所吞噬。我开始积极面对现实，了解甲状腺癌的相关知识，寻求医生和专家的建议。他们告诉我，甲状腺癌并非不可治愈，只要及时发现并进行治疗，大多数患者都能够康复。

在手术前的这段时间里，我经历了从恐惧到接受、从迷茫到坚定的心路历程。我开始更加珍惜自己的身体和生命，也更加关注自己的生活方式和饮食习惯。我意识到，健康是生命中最宝贵的财富，没有健康，一切都无从谈起。

手术进行得相对顺利，虽然疼痛难忍，但我知道这是为了我的健康和未来。在康复的过程中，我不断地反思自己过去的生活方式和习惯，努力调整自己的状态。

现在回想起来，那次手术虽然让我经历了巨大的痛苦和折磨，但也让我对生命的意义进行了更深层次的思考。这次手术是对灵魂的洗礼，为的是摒弃世俗的束缚，追求内心的平静与超然，达到心灵的净化与升华。

这三次手术不仅是真正意义上的肉体手术，也是我在成长过程中必须经历的三次精神层面的转变和提升。每一次手术都是对自我更深层次的理解和接纳，是对人生态度的不断调整和完善。通过这些手术，我能够更好地理解自己，处理与他人的关系，探寻生命的真谛。

这三次精神层面的“手术”对我的成长具有重要意义。它们帮助我在不同阶段解决了不同的问题，促进了我的全面发展。第一次让我认清了自我，第二次教我学会了分辨勇敢和莽撞的界限，第三次引导我探寻生命的终极意义。每一次手术都是一次重生，让我在不断地自我剖析与重塑中，成为更加完整和深刻的自己。

“人生的三次手术”是对我成长历程的深刻描绘。人生就像一次次手术，不断切除我们的狭隘与偏见，缝合我们的裂痕与伤痛，最终使我们成为更加坚韧、宽容、有深度的个体。

open

新东方执教十年，
我的成长挑战与教育追梦之旅

open

北京新东方历史教师

教授万名中考满分学员及高考名校学生

每年都带毕业班，每天都在感悟成长

喜欢阅读记录，看各种繁华人生

这是我离开新东方，踏上独立创业之路的第二个月。心中只有一个纯粹的念头——为那些奋战在高考前线的孩子们提供最强大的支持。我渴望将所有的知识、学习方法、思维逻辑，毫无保留地传授给他们。

当高考的钟声渐行渐远，离职所带来的复杂情感如潮水般涌现。我尝试着用各种方式来安抚自己，却发现内心深处仍旧有着难以填补的空缺。这份失落感让我逐渐领悟到，这不仅仅是一个结束，更是一个开始——一个摆脱传统职场轨迹，去勇敢追逐内心深处梦想的崭新起点。

在这一刻，我深刻地感受到，生活并非总是按部就班，它充满了变数和可能性。我选择离开，不是逃避，而是为了探索更广阔的天地，去追寻那些深藏在心底的渴望和梦想。

尽管前路未知，也许布满荆棘，但我相信，只要保持对梦想的执着和对生活的热爱，每一步都将充满意义。我将以这份离职作为新的起点，带着过往的经验和教训，迎接新的挑战，书写属于自己的人生篇章。

» 01 新东方执教十年，铸就教育匠心

回首在新东方度过的十年，我有幸指导了十届高考学子，见证了无数学子的成长与成功。几年前，甚至有我曾经的学生回到新东方，成为我的同事。这种师生缘分的延续，真是妙不可言。大学毕业后，我便加入了新东方。由于我的专业背景并非历史，我需要接受比其他岗位更长时间的培训。人们常说，大多数岗位三个月的培训足以让人成为熟练工，但教师这一职业却需要深厚的知识积累。即便我在考研期间曾深入学习历史，但要真正站在讲台上传授知识，我依然感到自己的储备不足。

记得在教培大会上，我第一次制作PPT并进行限时讲解，那时的表现真是糟糕透顶，用“乱七八糟”来形容都显得过于宽容。我的语言逻辑混乱，甚至说话都结结巴巴。那15分钟的展示对我来说，简直是一场精神上的煎熬，回想起来，我都不禁同情当时的自己。而当资深教师们上台展示时，他们流畅的表达和清晰的逻辑让我深感敬佩。

认识到自身的不足后，我决心进行全面的能力提升。这不仅包括知识的积累、备课的深入和考点的精准掌握，更重要的是克服长期困扰我的紧张和焦虑情绪。

入职之初，我是唯一的新老师，每天的培训都是一群经验丰富的老师对我进行一对一的辅导。上午授课完毕，中午立即接受反馈，下午继续站在讲台上。虽然大家戏称我赶上了好时机，享受了一对一的VIP培训服务，但这份荣幸背后，是我难以言说的紧张和焦虑。没有同期的新老师可以参照对比，也无人分担被严厉批评的压力。每当我站在讲台上，感到心虚、委屈到几乎落泪时，王老师总是以他特有的幽默方式提醒我："只能哭5分钟，然后赶紧修改PPT和逐字稿，下午继续接受培训。"那一刻，我的心情复杂而酸楚。

随着时间的推移，我逐渐适应了王老师的培训方式。他以严谨的态度和专业的指导，让我的备课和授课能力有了质的飞跃。王老师是校区里的名师，他的巨大海报贴满了校区和官网。我每天清晨5点起床，赶往公主坟校区听课，然后辗转到其他校区。王老师每天三节课，每节3小时，我都要紧跟其后。第一遍，我像所有学生一样，认真记录基础知识点；第二遍，我开始标注课程中的亮点、例子、小故事；到第三遍，我已经能够梳理课程逻辑，掌握高频和低频考点的讲解方式。

王老师的教学方法严谨而有趣，3个小时的课程内容丰富而紧凑，考点中的亮点和史实举例都巧妙地融入了教学之中。即使是看似随意的小笑话，也蕴含着考点内容。这样的教学艺术，让我深感敬佩。

» 02 师训讲堂，铸就我的教育匠心

除了每天的听课，我还大量阅读，不仅要熟悉历史教材，还要不断补充其他史料。王老师为我开出了书单，要求我三天阅读一本书，并提交3000字的读后感。每天听课回来，我还要整理课程笔记，提交心得。

在王老师的严格训练下，我逐渐成长为一个能够独立授课的老师。然而，我深知自己还有很长的路要走。小白老师看出了我的窘境，他直接而明确地告诉我，新老师最快的成长方式就是模仿。于是，在跟随王老师学习的同时，我也开始向小白老师学习。两位老师的课程风格迥异，但都拥有站在讲台上侃侃而谈、自信满满的强大气场。

在听完小白老师的一轮课后，我将两位老师的课程内容进行了整合，结合自己的风格和偏好，形成了一套基本完善的复习笔记和授课讲义。这个过程虽然充满挑战，但也让我深刻体会到了教学的多样性和创造性。

在周末聆听各位名师的课程的同时，我的日常培训和磨课从未停歇。我也毫不羞涩地将周末听课的精华大量融入自己的教学中，以此进行课程展示。从最初的15分钟到后来的2个小时，我经历了四

个月的磨炼。面对错误，我不再感到心慌害怕，而是在课程展示结束后，拿出笔记本，虚心接受老师们的批评和指正。来自十几位资深教师的全方位反馈，是他们多年甚至十几年教学经验的结晶，我深感珍贵和庆幸，能得到如此多的帮助。

在这四个月里，我的成长迅速而强烈，几乎每天都在凌晨三点后才得以休息。每天的工作不完成，我不敢有丝毫懈怠。之前只是听说北京的工作压力巨大，现在亲身体验，我才知道这压力何止是大，简直是沉重得让人喘不过气来。在新教师结业展示上，我以良好的表现获得了第三名的成绩，那张久违的奖状让我倍感振奋，那些熬夜学习的成果终于得到了见证和认可。

» 03 教学如旅，让每一位学生未来可期

成为一名合格的新东方老师，授课能力是核心，但专业技能同样不可或缺。除了日常的批课磨课，我还参加了各种培训。给我留下深刻印象的是在新东方总部南楼的师训大讲堂，那里每周三次雷打不动地邀请行业大咖来讲授各种知识。记得一个阳光明媚的周一下午，我第一次踏入这个庄严而华丽的会场，坐在靠前的位置，等待着即将到来的讲座。一位气质古朴的女士走进会场，我内心震惊无比，她竟是电视上《百家讲坛》的历史教授蒙曼老师。她深入浅

出地讲解了中国古代思想文化，特别是春秋战国时期的百家争鸣，让我受益匪浅。

师训讲堂的每一场讲座，我都求知若渴。有中国传媒大学的教授来讲解发声方法，如何在高强度授课下保护嗓子。我按照教授的方法每天练习，即使在一个月300+课时的高峰期，我的嗓子也没有感到不适。还有外国友人用流利的普通话讲解中西方差异及世界发展趋势，他们眼中的中国是如此不同，这些认知差异在后来的教学中我无数次作为例子讲给学生。在那段日子里，我的生活几乎被学习填满。我全身心投入课程讲义的制作、课程逻辑的梳理和讲解技巧的训练中。这个过程不仅锻炼了我的专业技能，也拓宽了我的视野，提升了我的人生格局。

后来我才知道，不是每个老师都能参加师训讲堂的，是主管关老师为我打开了绿色通道。从最初的被十几个人天天批评，到现在享受国宝级待遇，我感到自己仿佛从一块粗糙的石头，经过雕琢，变成了一块美玉。

面对困难时，难易程度往往受客观条件和个人主观意识的共同影响。我非常庆幸，我在成长的道路上遇到了如此出色的导师。他们不仅传授我知识，更教会了我如何面对挑战。每当遇到问题，我都会向他们寻求指导和帮助。

现在，我怀揣着满腔的创业梦想，准备开启新的征程。在新东方执教的十年，已经成为我生命中不可磨灭的印记。那一段段时光，不仅磨砺了我的意志，更塑造了我坚韧不拔的精神。我将携带着在新东方培养的学习精神，勇往直前，不断探索。

那段岁月，从充满活力的新东方到被人戏称为“老东方”的日子，见证了我的成长和变化。每一个挑战，每一次克服，都是我成长的宝贵财富。我心中的火焰从未熄灭，它照亮了我前进的道路，温暖了我追梦的心房。

我将继续以那份对学习的无尽热情和对卓越的不懈追求，迎接生活中的每一个挑战，拥抱命运赋予我的每一个机遇。我相信，只要有勇气和决心，没有什么是不可能的。我将以新东方的精神为翼，飞向更加广阔的天空，去实现自己的梦想，去创造属于自己的辉煌。

苏杉杉

35 岁开启人生新副本

苏杉杉

WE SPACE 主理人

Mansules 品牌创始人

互联网资金管理专家

品牌商业化顾问

擅长组织架构、财务管理、债权融资、BP 设计

经历了手游行业的整个发展历程，见证了一个行业的跌宕起伏，被互联网的流量思维深深影响，在行业头部领军人物身边的工作历练，让我掌握了从商业视角做任何行业的开拓，这样宝贵的经历也为后来我创业奠定了坚实的基础。

» 01 初入职场，选对行业、跟对人、做对事，事半功倍

我很幸运，大学毕业后就直接进入了互联网行业，入职时公司还是个初创企业，几个月的时间，团队就做出了爆款产品，并一跃成为中国手游行业的龙头企业。于是我一个初入职场的小白就有幸经历了TMT行业赴美上市的全过程，而由于我从事的是财务相关岗位，所以组织结构、财税资金、知识产权以及法律相关的内容均有涉及，这也为我后面的工作打下了坚实的基础。

如果说选对行业是迈入职场最重要的第一步，那么跟对人就是最重要的第二步。比起选对行业，更让我觉得幸运的是我选对了一位老板。我的老板有超乎常人的独到商业目光，跟着老板一起工作的13年，我们经历并见证了TMT行业的很多头部新兴技术板块，理解了商业的底层逻辑，掌握了解读商业的能力，不同领域进行的商

业复盘让我有了对不同项目进行BP设计的能力。

» 02 主动探索，坚持不懈，方可厚积薄发

如果说选对行业、选对老板是一种运气，那坚持和努力一定是承接运气最重要的方式。在职场中，我从不主动选择工作，而是让工作选择我，时间的价值不是用时间的长短来衡量的，而是靠有限时间内主动填充的内容来衡量的。职场有一个不成文的笑谈：拿多少钱干多少活，这句话在很多初入职场的年轻人之间盛传，可是在有限的时间内，人与人的价值差异化又是靠什么来拉开的呢？我相信一定是靠工作内容的浓度，所以我从不拒绝被动施压，并且一直在积极地寻求一些自己擅长并力所能及的方向。正因为这样，我才可以在最短的时间内掌握了财务、行政、法务、HR等很多岗位的工作逻辑。一个基层员工最快的成长捷径一定是多学多做。十几年前的互联网行业作息，几乎是现在很多年轻人不敢想象的。我们经常在凌晨两三点下班，经常熬通宵，那个时候互联网行业的写字楼几乎常年灯火通明，每个人似乎都在跟时间赛跑，每个人似乎都怕被时间甩下。大概是从那个时候开始，我们都养成了主动思考、主动发现问题、主动解决问题的工作习惯，除了底层技术我们无法轻易掌握，其他的管理模块、运营模块我们几乎都可以做到融会贯通。

财务岗位的同事可以做到人均0.5业务的程度，我们会主动深入业务，深入理解商业逻辑，从而更好地为自己的本职工作赋能。经常有人问我，你作为财务为什么可以接触那么多的工作模块，可以那么快就拥有了参与IPO工作流程的能力？那答案一定是积极主动地去探索，多思考，多实践，坚持不懈，方可厚积薄发。

» 03 十几年商业思维积累，让我成功开启第二事业

一个偶然的机会，我和我的合伙人临时起意决定开一家咖啡厅，毕竟是互联网行业出身的职场人，做实业的思维一定是流量和概念。于是我的第一模型就出现在脑海里——我想要做一家网红店。在装修店面时我选了几乎很少有咖啡厅敢尝试的纯黑色，我希望空间的视觉效果是酷炫的，而为了节省成本，我没有找设计师，也没有请装修工人。不得不说，一切的安排都是最好的安排，改造咖啡厅的那段时间，我个人的情绪和状态并不是很好，正在经历抑郁、焦虑和很多不那么美好的事情。

有一天晚上，我一个人在咖啡厅里组装桌椅，另一个想法迸发了出来：如果有人可以帮我一起组装该有多好，如果有人可以陪我说说话，帮我拆快递，给我一些方法论该有多好。那一刻我就觉得，对，我应该做一家共创店而不是网红流量店，我要做一家有温度、

有灵魂的店；我希望有更多像我一样的人可以有一个情绪收容所，我希望这是一家可以治愈灵魂的店。于是我在小红书上发布了第一条笔记，邀请小伙伴喝咖啡并且共创咖啡厅，发出笔记的时候我甚至还没有咖啡师和咖啡机。但是作为一个互联网人，我坚信互联网是有温度的。果然，我的勇敢得到了回报，我又一次被幸运女神眷顾了。第一条笔记就让我结识了上百位小伙伴，于是我那个堆满快递和螺丝的店开始陆陆续续来了很多过来帮忙的朋友。我心里无数次预设，他们来了看到我这里连咖啡机和咖啡豆都没有，看到满地狼藉，会不会觉得我很不靠谱？可恰恰相反，这些小伙伴都好有爱，他们像上天派来拯救我的天使，从那天起我就不再是一个人拆快递、拧螺丝，我有了上百个帮手，他们都很优秀，有设计师、程序员、老师、摄影师、翻译、创业者等。也是从那时候起，我发现原来有很多像我一样需要被温暖、被治愈的人，每个人都有自己的故事，大家需要互相倾诉和鼓励。那一刻我坚信，是的，我的情绪收容所是有社会意义的，并且大家也很认可。在大家的鼓励和支持下，我越来越有信心，一群有爱的小伙伴因为我和这个店走到了一起，也是那时候我决定这家店应该叫WE SPACE，这是属于大家的空间，是每一个小伙伴都倾注了情感的空间。慢慢地，小红书上有更多的小伙伴认识了我，认识了WE SPACE这个空间概念，我也交到了越来越多的朋友，很多朋友都经历了失业之后的重启阶段。很多年轻的创业者需要空间支持，需要创业方法论，于是WE SPACE的概念又一次进行了升级，我希望这里可以作为失意人的情绪收容所，大家可以在这里得到能量和提升；我还希望这里可以成为更多创业者和主理人的孵化器，我会主动跟大家分享一个创业者在成长型企业历练的全过程，我会帮大家梳理BP、链接资源，跟大家分享新媒体的运营方法论。总之，我真的很骄傲——我十几年的工作经验终于可以在工作岗位之外发挥巨大的价值了，我可以帮助这些年轻的创业者少走弯路，用我积累的商业思维为大家赋能，帮大家组织沙龙、做IP。我们成功举办了创业者项目分享沙龙、疗愈沙龙、运动沙龙、发布会等，我们真的在短时间内帮助很多小伙伴迈出了创业路上的第一步，并且帮助大家找到了合适的方向。

» 04 注重灵魂和创造力，副本事业快速腾飞

于是，WE SPACE的商业模式就这样诞生了：

WE SPACE：咖啡与社群的交融领域，城市青年的去中心化乌托邦。

WE SPACE，不仅是一间咖啡厅的名字，它代表着一种全新的都市文化聚集形式。这里是咖啡和特调饮品的香气与创意碰撞的场所，也是融合了社群活动和互动体验的多功能空间。我们致力于打造一个去中心、由店客共同创造和定义的社交领域，让每个人都能

在这里找到属于自己的位置，释放出城市青年的精神活力。

咖啡与特调饮品：我们提供从经典咖啡到特色饮品的丰富选择，每一款都由我们的咖啡师精心调制，确保您在品尝的每一口都能感受到我们对品质的热情和对创新的追求。

社群融合场景：WE SPACE是城市探索者和创意灵魂的汇聚地。这里定期举办各类艺术展览、文化讲座、创意工作坊以及音乐之夜，为志趣相投的人们提供了交流想法和发展兴趣的平台。

店客共创空间：我们鼓励顾客参与到WE SPACE的共创过程中来，无论是通过墙上的涂鸦、意见墙还是主题策划活动，每个人都可以成为这个空间的一部分，共同塑造城市的文化记忆。

城市青年精神的乌托邦：在繁忙的城市节奏中，WE SPACE是一处难能可贵的放松场所与自由表达的绿洲。我们相信每个人的内心都有一个乌托邦，而我们提供了一个可以让它生长和绽放的环境。

我们坚持“开放、包容、共享”的理念，旨在通过WE SPACE这个平台，激发人们的创造力，促进知识与经验的交流，同时建立起积极向上的社区文化氛围。加入WE SPACE，沉浸在咖啡的香气中，与志同道合的伙伴们一起享受这个充满活力、灵感迸发的社交空间。这里不仅是咖啡的聚集地，更是城市青年精神自由的体现，让我们一起创造并共享这个美丽的乌托邦。未来我会继续深入探索复合经营模式和利润模型，希望可以将我们的商业模式和情感一直延续下去。

如今社会的发展节奏越来越快，大多数人都越来越迷茫，很多创业者有胆魄却没有方向，很多职场人有梦想却缺少坚持，所有的探索和尝试都势必需要一些试错成本，但只要找到正确的方式，对自身进行深度探索和挖掘，就一定可以高效地开启新的职业副本。

暴元

打破焦虑，重塑自我

暴元

昵称“暴暴”

“一行教练”创始人

“一行 DoMore”联合创始人

国际教练联盟认证教练导师、PCC

教练式伴侣践行者

6年前的2018年，如果用一个词来形容我自己，那就是“焦虑”。

6年后的2024年，如果用一个词来形容我自己，那就是“充实”。

从来没想到，我第一次给K叔发微信，竟然是一篇几百字的“声讨小作文”。

从来没想到，我会在3个月内没有任何痛苦地瘦了13斤。

从来没想到，我会在一年的时间里，坚持写复盘日记315篇，周记51篇，读书听课笔记50余篇。

从来没想到，108自律行动营让我找到了契合我价值观的未来发展路径，坚定了我成为一名专业教练的决心。

从来没想到，我会从第一期108自律行动营的学员，成长为兼职教练、总教练，最终成为“一行教练”的创始人、专业的教练导师。

遇见K叔，遇见108自律行动营，有太多的从未想到，有太多的超出预期。

而这一切，都因K叔和108自律行动营而起。

» 01 深陷迷茫，想要改变自己

曾经的我，工作非常忙碌，忙到觉得自己只剩下工作，却没有了自我。为此，我换了工作，希望能有更多的闲暇时间充实自己。

然而，松绑后的我发现，竟然不知道该朝哪个方向努力。虽然会去读书或者学习，但太多的迷茫依旧让我陷在焦虑之中。

这些焦虑最终表现为：我的身体，不知不觉开始发福走样；我的大部分时间，都靠追剧、追综艺消磨；追剧结束后，我感到无比空虚。

我很清楚自己不喜欢这样的状态，虽然我想努力，但却茫然没有方向。

不过，我也因此给自己种下了一个念头："我不想再这样下去了，我一定要改变。"

就在这时，我认识了K叔。

2018年5月20日凌晨，焦虑失眠的我看到了一篇朋友分享的K叔的文章。K叔理性又真诚的文字瞬间打动了我，于是我毫不犹豫地做了一个决定：完成我人生中的第一笔知识付费——K叔的周记会员。

之后，我开始追随K叔写周记。后来，K叔的108自律行动营第一期启动了招募，我又付了一笔当时对我来说最"巨额"的知识付费。

从那之后，我成了108自律行动营的一员。一切，就这样发生了改变。

我依然记得，在持续看了K叔5个月的周记之后，2018年10月15日，我准备动笔写自己的周记。为了突显仪式感，我在豆瓣上写了一篇开始写周记的宣言，这篇文字真实地记录了当时我的焦虑。

“我是一个普通人。这么多年来普通地过着。

有着自己的一点对未来的憧憬，也有着对当前的自足、迷茫和恐慌，

有希望通过自己能让世界改变一点点，也希望让自己的存在对这个世界来说是有价值的。有表达欲却不知道怎样表达更好，有一点点思想却没有及时加以梳理。曾经的工作高强度、快节奏，让自己快速成长的同时却也没有时间让自己停下来略微喘息与沉淀。

现在换到了新的工作与岗位，但是却开始耽于两点一线。工作后的大把时间没有得到非常好的利用。我担心自己一直这样过下去，是否会在日复一日的工作和休息中自我麻醉，一事无成?”

我依然记得K叔第一次发布108自律行动营时我的纠结。我之前从未参加过线上的社群课，更没想过参加线上的付费课程。然而，关注K叔的半年来，他的真诚、踏实与自律，让我想做一次对我来说很大胆的尝试，也想看看自己的更多可能性。

跟老公沟通后，他很支持我，于是我就这样迈出了第一步。

我依然记得第一次跟K叔联系，是在报名行动营之初，因为各种凑巧，工作人员拉群时把我忘了！于是，我认真地给K叔发去了几百字的“声讨小作文”，表达我的困惑和需求。那时我还不知道，这成了我与K叔、与108自律行动营结识的开始。

现在回头看，这个小插曲很有趣，后来这件趣事还被K叔写进了108自律行动营第三期的招募文案中。

» 02 找到人生方向，不断成长

现在想想，真的是庆幸。

因为K叔，因为108自律行动营，曾经焦虑茫然的我，开始有了方向。

虽然下定决心付费来到108自律行动营，但我的个性一直极为谨慎，必须确保环境极为安全时，才会真正放下自己。在此之前，我对人对事都会采取观望的态度。

在第一期开始的那段时间里，我并没有完全投入。然而，听了一周K叔的课程、做作业、写复盘日记后，我开始有了一些变化：我的心态逐渐平稳；我的自我觉察能力提升，行动力也随之提升；我开始更开放、理性地看待自己和别人；我有了更多的伙伴可以一起抱团成长，为彼此赋能。

2018—2019年，我一共参加了三期108自律行动营，身份从学员到总教练，再到“一行教练”的负责人。每一期都为我带来了不同的改变与成长。

第一期108自律行动营：

通过二阶的减脂营，学到了科学减脂的方法，成功减脂13斤；

精读6本书，成为晨读私塾优秀毕业生；

对人对事变得开放主动，带领自己的小组成功翻盘，使小组成为108自律行动营后期的优秀自律小组。

第二期108自律行动营：

成为以生命影响生命的自律教练，并开始探寻自己的人生使命；

沟通学员，带教组长，获得学员认可，逐渐发现了自己作为教练的潜在优势。

第三期108自律行动营：

成为总教练，着手进一步完善108自律行动营的教练体系；

带领三期10位教练赋能陪伴学员，教练团沟通时长共计23747分钟，学员对教练满意度均分9.5分以上；

主导推动实习教练特训营两期，累计培养实习教练111人；

对自己的人生第二曲线有了更加清晰的规划与方向。

» 03 开启人生新的阶梯，走得更高更远

我经常反思，在2018—2019年短短一年时间里，到底是什么让自己发生了如此惊人的变化？

如果让我总结，我觉得是两个词：复盘和社群。

复盘

开启复盘，就是开启人生新的阶段。

复盘对我来说非常重要，因为它一直提醒我要认真对待每个时刻。我通过周记和日志记录自己的每日和每周状态，并在日志中运用学到的目标管理、时间管理和精力管理的方法，更好地安排自己的生活和工作。

复盘，是一种记录。就像我把朋友圈当作自己的回忆录一样。每次拍照后，我都会选出自己满意的作品发朋友圈。希望得到别人的关注和认同是一方面，更多的是，我发现单纯靠记忆，我有时根本记不住自己曾经拍过什么，做过什么。想不起来时，翻翻自己的朋友圈，就会记起那个时候我去了这个地方，拍了这些美好的事物。

周记和复盘日记的记录对我来说也是一样，甚至更为重要。因为它们记录的，是最容易消逝却极为珍贵的人的思想。在遇见108自律行动营之前，受K叔的影响，我写周记已有两个月的时间。那时，也没有想过做日复盘，觉得那是不可能完成的任务。但进入108自律行动营后，这成了我必须完成的任务。于是我开始尝试去做。2019年，我完成了322篇复盘日记。

现在，我通过复盘，持续记录当下，活在当下。持续复盘，会让自己一直走在正轨上。即使有时状态有所起伏，通过日复盘、周复盘，也不会偏离太远。持续复盘，会倒逼自己输出。一开始可能思考与输出困难，但随着日复一日的记录，表达会越来越自如顺畅。持续复盘，会促使自己向自己学习。通过反思与总结，向内求索，我们会发现自己的潜在能量大到不可估量。

就这样，一日又一日，一周又一周，我的日志和周记让我有了更平稳的心态，可以更规律、有计划地学习和反思。那种稳稳当当前进的感觉让我觉得很踏实。我越来越能活在当下，稳步行进，而不会感到茫然焦虑。

社群

一个人，走得快；一群人，才能走得远。

不得不说，在自律的社群中，遇到的伙伴们的意志力和执行力都很强。在这样的圈子里，可以结识太多优秀的人。大家虽然来自不同的城市、不同的行业、不同的岗位，却很容易能找到同频的伙伴。

不论是自律教练还是学员，我们都是纯粹的想通过行动重塑自己的人，虽未曾谋面，却心意相通。

优秀的人结伴鼓励着前行，抱团成长，也是108自律行动营最大的魅力之一。我们的状态不可能一直保持在一个水平上，有时也会疲倦，想放弃，想不通。在108自律行动营里，可以跟自己的教练梳理一下自己的想法和下一步的行动，这样思路会越发清晰；也可以围观自己组里的伙伴们的日志，发现大家都那么执着地在努力，动力也会更足一些；还可以在群里吼两嗓子，卖个萌或者卖个惨，大家为彼此赋能打气，这会使自己前行得更坚定。

这里我想引用2019年1月的周记里我的感受：

“108是让人精进自己的地方，也是通过他人去重建自己的地方。

这个地方给了我之前从未体验过的奇妙的温情。跟大家一起变成更好的自己，这个过程让我感动，也让我产生了更多的勇气和动力。前行的路上，我们不孤单。”

2018—2019年，108自律行动营从一期到三期，这些感动，让我更愿意留在“一行”这个纯粹的平台，跟大家一起奔往自己的目标。

2020—2024年，我受K叔邀请，成为“一行”的全职教练，正式开始跟K叔一起创业。然后我一路创办了一行教练特训营、国际教练认证ACC直通车等多个高端训练营，并创办年度陪伴社群——一行教练成长俱乐部。

这四年来，我培养了1000+名“一行”认证教练，所教授的学员遍布全球14个国家和地区的华人，辐射受益学员逾万人。

看似是命运的神奇推动，但实际上，一切都起源于我种下了改变的念头，我选择了正确的人跟随。

现在回想起来，似乎是从2018年10月15日我决定追随K叔写周记时，就触发了未来一系列生命蜕变的开关。

正如我第一篇周记宣言中写给自己的最后一句话所说：

“2018年10月15日，是极为普通的一天，但对我来说，是开启新的生活模式不普通的一天。”

种下了改变的念头，选择跟随正确的人。走出改变的第一步，并且持续行动。

然后，未来的一切，在冥冥中，都会为当下努力的你全盘设计好。

韩雅洁

高效思维：让时间更有价值

韩雅洁

《写作复利》联合作者

个人公众号：是雅洁啊

千万粉丝级公众号前主编，数百篇爆文生产者

“一行”写作营负责人，指导近 2000 位学员写作变现

我坚持读书10多年，靠写作月入过万，还出过一本书；半年时间，我减肥30斤。“脱胎换骨”这个词用在我身上，并不夸张。

让我拿到这些结果的，其实就五个字：做具体的事。

越是具体的事，越容易帮到你。

什么叫具体的事？就是有明确指向意义的，可以立刻落地的事。

对我来说，其实就三件事：读书、写作和运动。

» 01 读书，是解决问题的最快方式

小时候，我并不是一个爱读书的人，学习的重担已经把我压得喘不过气来。上了大学，偶尔阅读，但都是碎片化、不成体系的，基本上是头疼医头，脚疼医脚。

大学经历了失恋，因为情绪难以自控，我开始在网上找各种心灵鸡汤阅读。后来看到作家张德芬的一句话：“外面没有别人，只有你自己。”这句话的意思是，你所有的感受都是你对外界的投射，外面可能什么都不存在，你的想法，你的情绪，都是你自己的。

瞬间，我有种醍醐灌顶的感觉，而失恋导致的悲伤情绪，好像也瞬间被治愈了。

那是我第一次感受到书籍的神奇力量，从那之后，我正式踏上

了阅读之旅。太阳底下没有新鲜事，我们以为解决不了的难题，书里早就给出了答案。

当我因为人际关系问题而苦恼时，《被讨厌的勇气》告诉我，想要行使自由，就需要付出代价，而在人际关系中，自由的代价就是被别人讨厌。

当我以为高手都是天赋异禀而为自己的愚笨苦恼时，《曾国藩传》给我展示了一个起点比很多人都要低的平凡人，是如何用笨功夫打通科举之路的。

当我因为暂时的失意而崩溃时，《人间失格》里的一句话点醒了我："人世间摸爬滚打至今，我唯一愿意视为真理的就只有这样一句话——一切都会过去的。"

当我初入职场，迫切渴望展示自我，却找不准切口的时候，《终身成长》让我意识到，"我们获得的成功并不是能力和天赋决定的，更受我们在追求目标的过程中展现的思维模式的影响"，旧钥匙开不了新锁，搞定一件事的前提，是思维模式和这件事相匹配。

当我为了寻求认同，忽视自我的时候，《乌合之众》让我明白，我这种行为，其实是在抛弃是非，用智商去换取那份让我备感安全的归属感。我瞬间清醒，回归理智。

这十几年的阅读，让我遇事不再纠结内耗，也不再轻易向外求，我学会了夯实自己的根基。

读书，是我焦虑时的首选，它让我减少了轻信和盲从，增加了思考和权衡。

有句话用来形容读书的意义格外准确："我本来只是一个弱小的个体，却因为读书而有幸窥得万千个生命，拥有一整个人类的力量。"

» 02 写作，是自我对话的最好方式

在我30多年的生命里，写作这件事，占据了我将近三分之二的时间。

当我还在读小学的时候，我就意识到我对于写作的热爱，因为那时候我可以一屁股坐在椅子上，拿着笔写写画画好几个小时也不知疲倦。

我有一个超大的好词好句本，上面密密麻麻摘抄了惊艳我的句子；中学的时候，我又准备了一个日记本，每天都要记录下几百个字的少女心事。现在想想，那应该是我写作的萌芽时代。

2005年，我读初中，我爸斥巨资买了一台大背头电脑，Windows97系统的，它也正式成为我线上写作的开端。

那个时候，新浪博客盛行，我经常趁着我爸妈出去买菜的间隙，偷偷打开电脑，看博客领军人物的文章。

那些文字，不断撩拨着我对文字的热情，后来我终于忍不住，在2006年，也摸索着注册了一个属于自己的博客账号，然后一发不

可收，坚持更新了7年，博客浏览量达到18万。

那时候写的无非是一些无病呻吟的话，甚至大多数都是刻意堆砌的华丽辞藻，现在翻回去看，还觉得有点羞耻。

但我必须承认，是那几年的输出，让我很多不能对旁人说的心里话得以保存，也让我对文字的热情得以延续，并且保持着对观点和情绪的敏感性。

2010年读大学，我依然坚持写作，我开始在校报上发表文章，还积累了一小批忠实读者，也赚到了人生中第一笔稿费。

2014年读研期间，公众号开始盛行，我开启了日更模式，会有意识地写一些观点类文章，并在不同的平台上同步更新，如博客、微博、QQ空间、头条号等，这提升了我深度思考的能力，也使我保持着创作的手感。

后来，我的文章被一个编辑发现，他向我发来了定向约稿的邀请。就这样，我正式开启了线上投稿之路。

最多的时候，我每个月能赚一万块，最少也有5000多，在别人还没有实现经济独立的时候，我就已经不向父母要生活费了，并且还攒到了人生中第一个十万元。

再后来，我到北京求职，带着我一篇又一篇阅读量十几万甚至上百万的文章，成功应聘到了一份心仪的工作。

我带着写作这项技能，开始在职场大展拳脚，从普通编辑到千万级账号的主编，再到拥有自己的课程，出版人生中第一本书，写作几乎重塑了我的人生。

写作带给我的，除了外在的变化，更多的是内在的修行。

我深深知道，人生中有很多不可战胜的事物，也有太多庸人自扰的时刻，我习惯用文字来梳理自己，和自己进行一场真实的对话，以此来剖析自己的状态，摆脱无谓的精神内耗。

写作，是自我对话最好的方式，它能削弱我的孤独感，让我感受到活着的意义。

» 03 运动，是重塑自我的最佳方式

我人生的前30年，“运动”这个词，几乎跟我不挨边。高中时候的体测，是我运动量最大的时候。每次跑个800米，感觉能要了我半条命。

参加工作之后，一坐一整天，很少运动，偶尔晚上还得再吃个夜宵，导致体重飙升，最重的时候是150斤。

身材走样让我极度不自信，拍完照用修图软件把自己的脸无限缩小是基本操作，安慰自己起码这样“看起来很美”。

更关键的是，体重的骤增，严重影响了我的健康，我不仅走两步就喘，而且每次有什么流行性感冒，我都是最先中招的那一个。最夸张的是，有一年我竟然发了五次烧。

痛定思痛，我决定开始减肥，严格遵守减肥六字诀：管住嘴，

迈开腿。

少吃不是什么难事，生活化减脂没那么痛苦。最难熬的，就是运动，尤其是对我这个几乎没运动过的人来说。

我决定用跑步开启我的运动生涯，因为它可操作性更强，穿上运动鞋，就能跑起来，不用拘泥于固定的场所，也没有什么成本支出。

但需要克服心理障碍，和自己的惰性抗衡。

当时，我看了两本书，一本是作家村上春树的《当我谈跑步时，我谈些什么》，作者将写作和长跑互为比喻，互相借鉴，因为写作和长跑都需要专注，也需要忍耐。

我写作将近20年，所以对于这种专注和忍耐的情绪格外了解，这也在一定程度上激发了我对于跑步的期待，想看看它和写作究竟有什么共通之处。

我看的另一本书是张展晖老师的《跑步治愈》。他曾是一名专业的篮球运动员，也是众多明星和世界500强公司高管的私人健康管理顾问。他在这本书里，详细介绍了跑步对于大脑情绪的积极作用，并且给出了有关跑步训练的专业指导意见。

这两本书，打破了我对跑步的偏见，也让我对跑步有了一个更加全面的认识。在2023年5月的一天，我穿上运动鞋出发了，心情很激动，但是脚步很沉重，因为我才跑了500米，腿就像灌了铅一样。

后来，我开始对着网络上的教学视频，纠正跑步姿势，提高步频，调整呼吸，不求快，只求能持续跑完两公里。

经过一周的练习，我真的做到了，这极大地提高了我的自信心。

我明显感觉到我的身体状态越来越好，那一个月，在运动和饮食的配合下，我瘦了5斤。

虽然瘦得不算快，但我知道，我在努力变成更好的自己。

后来我养成了跑步的习惯，从两公里到五公里，再到十公里，配速也从7分30秒到6分30秒，再到6分钟。

我掌握了跑步的要领，也感受到了它的魅力，跑步已经融入我的生活，变成每天的待办事项。

我不是被迫去做的，也不觉得痛苦，而是真的开始享受跑步这件事。

随之而来的，是我的体态变得轻盈，我带着瘦了30斤的身体，迈入30岁的大门。

去年10月，我报名了大连马拉松，首次挑战半马，既紧张又兴奋，最后以2小时21分的成绩完赛，冲到终点的那一刻，我感觉我真的实现了蜕变。

从最初的惧怕运动，到现在的享受运动，我好像把自己重养了一遍，也从头到尾塑造了一遍自己。

运动让我的面相发生了改变，不止一位朋友说，我的五官变得更立体了，身材也更加挺拔了。

运动还会促进身体分泌多巴胺，每次跑完步，我都觉得人生中没有什么是不可战胜的。那一刻，我发自内心地觉得自己好。同时，运动极大地提高了我的心力，让我敢于不断挖掘自己的潜力，挑战自己的精神力量。

运动真的是最公平的一件事，只要你付出，就一定能看到回报。

如果你此刻正经历苦闷，穿上运动鞋，去运动吧，你会收获到一个每天都在变好的自己。

人生数十载，焦虑是常态，对抗焦虑的最好方式，并非假大空的招数，而是那些最简单的法子。

花时间做具体的事，坚持读书、写作、运动，就一定能壮筋骨，长才干。

我相信，人生漫漫，虽然有苦，但终有回甘。

卡特Kate

从经常拖延到高效成长，
人越强大，生活越简单

卡特Kate

个人公众号：卡特神君

ICF（国际教练联合会）认证专业级教练、团队教练

“一行教练”导师、督导师

“一行”108 自律行动营负责人

指导过 2000+ 名学员行动成长

我从多年前开始践行自我成长，坚持行动复盘。从那时开始，几乎每一年都有非常大的进步。就拿最近两三年来说，让我记忆深刻的有三个月轻松减重25斤，三个月考取PCC证书，半年改变和父母的关系，心智变得更加成熟……

当然，自我成长是无止境的，我不敢说我是专家，但是回顾过去这一路，我确实因此而受益良多。

以前的我，虽然在别人眼里算得上“优秀”，但是私下里我是一个内耗和拖延严重的人。做事的时候，我非得把自己折磨到一定程度，才能把闪光的一面呈现出来。

时间长了，就变成卷又卷不动，躺又躺不平，间歇性努力，规律性崩溃。

我心里清楚得很：不能再这样下去了。但是我该怎么办呢？学了好多东西，做了好多尝试，也有效果好的时候，但总是没过多久，就又回到原来的样子了。

后来认识了K叔，我捡起了写日记的习惯，也开始跟着K叔做行动复盘，写周记。开始写的时候，并没有太多的期待，毕竟我已经做了那么多尝试了，最后都变成了三分钟热度。

但是，人生没有白走的路，所有过去的经历，都会在某一时刻变成智慧。有一句话说得很对：“天助自助者，自助者人恒助之。”

有K叔作为行动榜样，再加上自己内心从来都没有放弃，行动复盘就这样坚持下去了。拖延的问题虽然没有得到根治，但行动确实肉眼可见地变快了，我的朋友都说我越来越雷厉风行了。

持续的行动和复盘，让我逐渐拥有了更多的成长型思维，我开始知道哪些行动是更高效的，哪些行动是多余的。

量变引发质变，突然有一天，“嘭”的一下，我好像开了窍，过去学过的所有的东西，自动整合在一起，变成了一套体系，我获得了极大的内在成长的力量。

后面再做事情，就变得简单多了，感觉像是拥有了10倍速前进的力量。

» 01 把心摆正，让心放松

2023年，借助108自律行动营，我决定和大家一起开启改变之路，重新把减肥提上日程。结果呢，三个月过去，我非常轻松地瘦了25斤，就像是完全变了个人。

其实过去我也尝试过很多次，但都没有成功。减肥好像是一件很难的事情。其实在这个时代，知识和经验都是很容易获取的，减肥应该更容易才对，怎么会一直失败呢？

原因在于，“心”的位置没有找对。也就是说，要找准心之所向的目标，不要着急，不要焦虑。

减重这件事，对自己来说意义究竟是什么？这个问题非常值得认真思考。

我不想活在别人的标准里，我不认同“好女不过百”，也不认同“胖”就是丑，更不认为我们应该把“胖”和“失败”联系起来。

可是，虽然我并不认同这些观念，心里却仍然期待能被大众接受，甚至是喜欢。这种矛盾不仅让我产生了内耗，就连行动都变得极端了。

因为太想短期暴瘦到100斤，人变得急功近利，尤其是一旦到了平台期，心态就容易崩，要么极端节食，要么突然暴饮暴食。

可想而知，结果就是一次又一次的失败。这些都是过去的我一遍又一遍经历过的事情。

因为不喜欢自己，甚至有些讨厌自己，所以才会想要达到外在的别人的标准。

但是，如果继续在乎别人的标准，一辈子就会活在别人的评价里，内耗无止境，做任何事都低效。

好在这时的我，已经不是过去那个充满内耗的我了，我没有那么在乎别人的态度了。对一个崭新的我来说，减重的核心目标，应该是身体健康，精力充沛，而不是单纯的体重秤上的数字。与其把一个月瘦20斤当成自己必须达到的目标，还不如放下对于斤数的执着，把每一天的健康当作重点追求的对象。

是不是100斤不重要，体重秤上的数字是多少都可以。我的健康和开心最重要。

这样松弛的心态，让我非常快地找到了适合自己的方法，我对自己不强求，也不苛刻，实在想吃了就去吃，实在不想运动就不运动，不内耗，不焦虑。

有了这样无敌的心态，再加上108自律行动营中互相监督的环境和互相鼓励的伙伴，一切都变得轻松而简单。虽然我并没有追求掉秤，但还是减掉了25斤。

当然，“轻松”是针对25斤这个结果而言的。回顾整体减重过程，也不是没有“难”的时候。

比如，我也有被生活影响心态的时候，偶尔也会掉回暴饮暴食的模式里。但越是这种时候，越要保持放松的心态，不断地把高能的自己调整回来。

一次一次地“拨乱反正”，让心态得到了更好的锻炼，也让我在任何时候，都能够很快回归到稳定。

» 02 聚焦目标，日进寸功

当然，把心摆正是一方面，另一方面，持续保持行动也非常重要。就比如，当时考取PCC的时候，我也是经历了反复的调整的。

PCC考试是教练领域的专业等级认证考试，包括口试和笔试。我从事教练多年，这件事曾被我多次提上日程。

但考试前的准备并不简单，大多数同学都需要持续投入3—6个月时间，这对于当时工作和生活都很繁忙的我来说挑战很大。

每当在高强度忙完一件事情之后，我发现自己和原来的目标已经完全脱离了，很难再回到积极准备考试的状态，一切都要重新开始。

这样反复几次之后，积极性已经完全丧失，想开始也开始不了了。

下定决心再次开始准备PCC之后，我结合当时的情况，给自己定了一条纪律，叫作“日进寸功”。就是说，每天哪怕推进一寸就可以，不强求进度，但是每日不断。

就算当天再累再忙，我也要求自己至少推进15分钟。因为只有15分钟，所以压力不大。

当然，我也知道，在疲惫的状态下，15分钟也学不会什么，很多时候是眼睛看到了，但脑子完全没学会。

可是，就算脑子没学会，但是脑中总算“闪过”了这个知识，明天再见到它的时候，它就不是完全陌生的了。就算只有“一寸”，我也在聚焦，在进步。

更重要的是，因为每天都有至少15分钟的学习时间，所以无论多忙，我备考的情绪和心态一直都是准备好的。

一旦哪天我有了更多的时间和精力，我就能立刻很高效地投入进来，完全没有接不上进度的情况。

千万别小看这“一寸”的力量，只要日日不断，跬步也能至千里。

03 持续成长，开启更多可能

成长是无止境的。人越成长，内心会越强大。过去觉得永远无法跨越的崇山峻岭，有一天突然发现，那不过是一个摇摇晃晃的小障碍。

就比如，以前，有那么一两年，我和父母的关系比较紧张。我非常抗拒他们“永不停止的”评判和担心。但是，绝大多数父母，都不可能不评判、不担心吧？

后来有一天，我突然发现我不在乎他们是否会继续评判和担心了。因为我是一个独立的人，他们也是。他们的想法不会阻止我做我自己，同样，也不会影响我爱他们。

正因为我不再希望父母用我想要的方式认可我，所以我反而能用更纯粹的心情来看待他们。

他们这一代是从物质贫乏的年代里成长起来的，如果让我去经历他们的人生，我不一定能比他们做得更好。

心态变了之后，这个心结从此打开。这几年一有空我就带他们出去玩儿，很有耐心地在各种地方给他们拍照，也学会用视频去记录每一次出行。我发现，尽管他们总是念叨我多花了钱，但他们无比珍惜和我在一起的时光，而且每一次都笑得开心，我也感受到了更多的爱。

人生中的很多其他方面也是这样，很多问题，好像都不再是问题。

不焦虑，不烦躁，不内耗，享受每一天的行动，然后顺理成章地看到结果，这种感觉真的太爽了。

当然，这个过程并不总是一帆风顺的，可也绝对不像大多数人想象的那般艰难。99%的困难都是我们“想”出来的。

这几年作为教练，我服务过的客户超过了500人，我帮助他们提升了行动力，找到了人生方向，完成了职业转型，增加了副业收入，找到了结婚对象，他们的身心变得更加健康和快乐，开启了无限的可能……

同时，在我负责的108自律行动营中，也有超过2000人在这里进行自我探索，完成自我重塑，拥抱更高效、更有行动力的人生。

辅导过这么多学员，我深深地认识到，现实中的“难”其实没那么难，努力行动就可以了；真正的“难”其实在心里，越是心里觉得难，就越会难上加难，导致每一步都寸步难行。

但真相是：每个人都拥有强大的力量，只是缺少一次跨越恐惧的努力，缺少一个开启无限可能的机会。

人生，总有更多可能。

我希望，我能帮更多的人开启无限可能。